BÜZ

© Buzz Editora, 2020

Publisher ANDERSON CAVALCANTE
Projeto gráfico ESTÚDIO GRIFO
Editoras SIMONE PAULINO E LUISA TIEPPO
Assistente editorial JOÃO LUCAS Z. KOSCE
Assistentes de design FELIPE REGIS
Preparação VANESSA ALMEIDA
Revisão ANTONIO CASTRO, THIAGO NETTO

Dados Internacionais de Catalogação na Publicação (CIP)
de acordo com ISBD

T772m
    Tranjan, Roberto
    Os sete mercados capitais / Roberto Tranjan
    2ª edição. São Paulo: Buzz, 2020
    192 pp.

    ISBN 978-65-80435-65-4

1. Negócios. 2. Carreira.
3. Autoajuda. 4. Romance. I. Título.

	CDD 658.4012
2020-261	CDU 65.011.4

Elaborado por Odilio Hilario Moreira Junior CRB-8/9949

Índice para catálogo sistemático:
1. Negócios 658.4012 / 2. Negócios 65.011.4

Buzz Editora
Av. Paulista, 726 – mezanino
CEP: 01310-100 São Paulo, SP

[55 11] 4171 2317
[55 11] 4171 2318
contato@buzzeditora.com.br
www.buzzeditora.com.br

OS SETE
MERCADOS CAPITAIS
ROBERTO TRANJAN

MENSAGEM DO AUTOR E DEDICATÓRIA

O sonho vem se transformando em realidade desde que escrevi, em 2005, a jornada de Jonas com o título *Pegadas*. Um grupo de empresários e líderes de várias localidades se reuniu – em 29 de maio de 2014, em Atibaia, no estado de São Paulo – para juntos sonhar a Nova Economia. De forma participativa, foram elaborados – e, em seguida, praticados – 28 manifestos representativos do desejo pela Nova Economia.

Em 25 de maio de 2018, novamente com a colaboração de todos, os manifestos se transformaram em 10 desideratos. Ao longo desses anos, têm sido a inspiração para muitos líderes e obras, empenhados em torná-los realidade.

O livro vem, a cada ano, ao encontro do seu tempo. Mantém tanto o frescor como o vigor, ao inspirar os sonhos e encorajar os passos.

Dedico esta reedição a todos que desejam a Nova Economia. Em especial, àqueles que, com a alma elevada, elaboraram os manifestos e elegeram os desideratos.

De lá para cá, continuo sonhando e realizando, na gratificante certeza de seguir em boa companhia.

Com estima,

Roberto Tranjan
verão de 2020

8 Apresentação
Em busca da nova realidade

11 PASSO 1
ARENA DE GUERRA
Combate no escuro
O que mais podemos querer?
Malabaristas do sinal vermelho
Armas e munição
Teatro do medo
Regente da própria vida
Operação Ataque

34 PASSO 2
MINA DE RECURSOS ESGOTÁVEIS
Operação Combate
Teatro do lixo
Manhas e artimanhas
O passarinho de todas as manhãs
O sabor do entusiasmo

50 PASSO 3
OÁSIS NO DESERTO
Bússola e sonho
Operação Curiosidade
Teatro das horas
A descoberta do cliente
Fé abalada

66 PASSO 4
PONTO DE ENCONTRO
Foco e competência
Entre o velho e o novo
As lições do arqueiro
A ciência da abelha
Teatro da alienação
Benefícios sem sacrifícios
Operação Conexão
Razão de existir
Aula de culinária
Outros ventos

96 PASSO 5
ATELIÊ DE ARTE

Fé e inspiração
Gaiola e asas
Operação Criatividade
Teatro da norma
Castelos de areia
Passos de tartaruga
Oportunidade ímpar
Caroço no angu
Como nos velhos tempos
Acertar na mosca
No breu da noite
Alma perdida
Jonas e seu labirinto

128 PASSO 6
ESPAÇO DE SOLIDARIEDADE

O outono de uma nova vida
O cérebro réptil
Reféns da própria consciência
Felizes os que acreditam
Uma pedra no caminho
Luz e paixão
Teatro da impotência
Operação Excelência
Lições de integridade
Ato de coragem e libertação
A arte do serviço
As leis do amor

161 PASSO 7
JARDIM SUPREMO

Consciência e energia
Entre o caos e a ordem
Reencontro de glória
Teatro da anomia
Operação Entrega

179 A verdadeira recompensa

Sono profundo
Brincar de viver
Sabedoria do pó das estrelas

189 Últimos passos

A viagem é o viajante

APRESENTAÇÃO

EM BUSCA DA NOVA REALIDADE

Sonho com uma Nova Economia. Um ambiente em que sujeitos sejam sujeitos e objetos, objetos. Se, por acaso, existir alguma distorção, almejo que os objetos sejam tratados como sujeitos.

Sonho com uma economia que promova a igualdade. Não aquela genericamente distributiva e que desconsidera as diferentes necessidades. Nem todos padecem das mesmas carências ou acalentam as mesmas ambições. Almejo que as oportunidades sejam iguais, para que todos vivam seus desejos íntimos e únicos, aqueles que fazem a vocação se expressar.

Sonho com a incompletude preenchida harmoniosamente pelo trabalho. Que este proporcione o que ainda falta, e o que nos farta transforme o trabalho em obra. Ainda mais e sobretudo: que, nessa hierarquia entrelaçada, trabalhos e obras promovam a evolução da humanidade.

Sonho com a humanidade com H maiúsculo, em que os erros aconteçam para revelar os acertos, os vícios sejam superados para ampliar as virtudes, o profano permaneça para elevar o sagrado, o humano evolua natural e serenamente para encontrar o divino. Que possamos crescer em integridade e compaixão nessa jornada de idas e vindas.

Sonho a empresa como uma comunidade de trabalho, microssociedade bem-sucedida, em que todos tenham voz e vez, as relações sejam atóxicas e nutritivas, os talentos individuais resultem em competência de grupo a serviço do bem-estar coletivo.

Sonho com cérebros e mentes criando, pensando, raciocinando e resolvendo problemas, sem que o coração se corrompa. É o órgão que deve permanecer à frente, ao lado e envolvendo tudo, pois o amor é o seu maior produto.

Sonho com negócios geradores de uma riqueza superior, muito além da material, necessária para eliminar males sociais como a penúria e a precariedade, e, ao mesmo tempo, capaz de combater a maior de todas as misérias: a da escassez de amor. Que ninguém mais morra à mingua na amargura do abandono, da solidão, do isolamento, da exclusão, da falta de fé e de coragem.

Sonho com a vida feita de sentido e significado, uma bela e gratificante jornada virtuosa. Seguimos juntos, de mãos dadas, pois ainda que a jornada seja múltipla, o propósito é um só e a essência é a mesma.

Caminhemos, assim, do sonho à realidade.

ARENA DE GUERRA

1

COMBATE NO ESCURO

O tiro passa zunindo sobre o capacete. Mas não intimida o soldado. Nem mesmo as rajadas das metralhadoras dos adversários que combatem com vantagens, na parte superior da encosta, próximos à praia. Os barcos aportam e descarregam soldados da mesma legião. Os olhos dele expressam terror e pânico. Antes de desembarcar, alguns beijam o crucifixo e fazem o sinal da cruz. O barulho é contínuo e ensurdecedor.

Mais tiros. Um deles passa raspando em seu ombro direito. A meta é atingir o topo e metralhar a central de informações do adversário. Missão impossível! Ou quase. As condições favorecem o inimigo: posição geográfica, número de combatentes, quantidade de armas e munição. Como se não bastasse, há centenas de morteiros escondidos em buracos imperceptíveis na areia da praia. É preciso chegar ao topo. Existe uma meta... Nada o impedirá de atingi-la.

Uma unidade de combate é destruída por uma granada: pernas e braços mutilados, dentes rangentes, tochas humanas agonizantes. O sangue se mistura com a terra, há um cheiro de pólvora e de fluidos dos corpos. Rajadas de metralhadoras, granadas, canhões, lança-chamas. Os gritos se confundem com os rangidos. Nada o fará desistir. Desistir, nesse momento, significa a derrota na batalha e a morte certa. É preciso vencer... a qualquer custo... a qualquer preço.

Nova explosão. O pelotão de fuzilamento do exército adversário aniquila os colegas que fazem a travessia por barco para alcançar o anfíbio. É uma guerra sem trégua. Os tiros não cessam. A batalha é cruel e sangrenta. É matar ou morrer.

– Ufa!

Jonas aciona o *pause* no controle remoto da TV.

"Desta vez o Spielberg exagerou, até me faltou ar", pensa, enquanto procura outro saco de batatas fritas no armário da cozinha. "Quanta violência!" As imagens de pedaços de corpos não lhe saem da cabeça.

Na volta, resvala na mesa de centro, atulhada de latinhas e uma caixa de papelão vazia que ainda exala cheiro de pizza.

"Como no filme, essa é a vida! Uma luta pela sobrevivência", pensa Jonas, jogando o corpo pesado sobre a poltrona. "Uma luta diária. No mercado é matar ou morrer. Os fornecedores de matérias-primas estão novamente aumentando os preços. As margens de lucro caem a cada mês. E mais: as alíquotas subiram e temos de pagar novas taxas. No próximo mês, há o dissídio coletivo da categoria. É preciso bala para sobreviver nesse mundo."

Levanta-se de novo para pegar o isqueiro sobre a estante, ao lado da televisão. Começou a fumar há pouco tempo, para relaxar. Aproveita para espiar pela fresta da janela. O clarão do sol de inverno ilumina a sala escura, ferindo sua vista. Lá fora, alguns meninos brigam por uma bola. Jonas observa. Um, mais franzino, quer tomar a bola dos demais. "Deve ser o dono da bola, do tipo *estraga-prazeres*", pensa Jonas. Os outros querem pegá-lo. Trocam socos e pontapés. Não é a primeira vez que ele assiste às confusões armadas por esse menino. "Lá vai ele com a bola, fugindo da molecada. Dessa vez levou a pior. E, além de tudo, é covarde."

Puxa a cortina, vedando a sala. Gosta de ver filmes no escuro. Vez ou outra, pode dar umas cochiladas que compensam as noites insones.

"Só de pensar no dia de amanhã sinto um frio na barriga", Jonas retorna às suas preocupações.

– Malditas segundas-feiras! – brada em voz alta, como se alguém o estivesse ouvindo. – Ainda bem que existem os fins de semana para espairecer – suspira, conferindo na TV os filmes que ainda pretende assistir.

"Estamos perto do fim do mês", lembra, preocupado, antes de acionar o *play*. Jonas já não está mais presente. Sua mente voa, longe. Os pensamentos, difusos e confusos, oscilam entre passado e futuro.

"De novo! O fim do mês se aproxima e estamos distantes de nossas metas. Amanhã preciso falar com o Clóvis. Ou ele comanda aquele bando de vendedores ou é melhor deixar a diretoria comercial para alguém mais preparado."

Jonas já não consegue mais assistir ao filme. As preocupações tomam toda a sua atenção. Apaga o toco de cigarro no cinzeiro.

"Ainda bem que, quando o Clóvis quer favorecer o cliente com condições melhores, lá está o Adolfo, fiel escudeiro, garantindo nossos resultados. Controla cada centavo... Ah, se não fosse o Adolfo! Sem ele, acho que já estaríamos fora do mercado. É ele quem garante a munição."

Os pensamentos de Jonas mudam de direção.

"Será que eu não deveria ter feito como o Hilário? Podia ter arranjado um bom emprego e agora estaria tranquilo, sem precisar pensar no dia de amanhã. Lembro-me das conversas na universidade: eu, Marta e Hilário. Ele se deu bem. Casou com ela e ainda conquistou um bom emprego numa multinacional. No mês passado foi promovido à diretoria. Agora está do jeito que sonhou. Comigo é diferente. Desde que inventei a Dédalo, nunca mais tive sossego. Nem tempo. Nem vida. Já foi melhor, os primeiros anos foram muito estimulantes. Restaram as preocupações. Acabou. Agora é só trabalhar. Meus dias só têm hora para começar. Não têm hora para terminar. Deve ser algum tipo de maldição moderna."

Acomoda-se debaixo do cobertor, em sua poltrona favorita. "Amanhã o Clóvis não me escapa", murmura, acionando o *play*.

O QUE MAIS PODEMOS QUERER?

– Querido, agora que você foi promovido a diretor, precisa comprar ternos melhores.

Enquanto Marta arruma as gavetas do guarda-roupas, Hilário faz sua série diária de abdominais.

– Antes tenho de perder essa barriguinha que surgiu nas férias.

– Estava aqui pensando – diz Marta, sem se importar com o comentário do marido. – Você se lembra de quando o Jonas fez o convite, ainda na universidade, para que você e eu lançássemos a Dédalo com ele?

– Claro que me lembro. Você ficou toda empolgada – responde Hilário, arfando. – Acertamos ou erramos?

– Não sei dizer. Logo você foi indicado pelo seu tio para participar daquele programa de *trainees* e eu estava mergulhada na administração da empresa júnior da faculdade...

– Acho que acertei – interrompe Hilário. – Agora que veio a promoção teremos uma renda melhor, poderemos viajar mais e nos divertir. É certo que o Jonas conseguiu muitas coisas com a empresa. Tem um bom padrão de vida, prestígio no seu ramo de negócio, mas... Aquilo é vida? Só trabalha, não faz outra coisa. Seus casamentos ruíram... Aposto que agora ele está sozinho, em casa, assistindo a filmes na televisão.

– Ando preocupada com ele. Acho que está um pouco deprimido. Não faz mais exercícios e parecia cansado na última vez que nos vimos.

– Jonas me disse que não sente mais prazer em dirigir a Dédalo. Um dia desses desabafou em alto e bom som: os clientes e fornecedores só querem levar vantagem, a concorrência está cada vez mais desleal, os dias se repetem como uma tristeza sem fim.

– Por isso ele deu esse chá de sumiço. Faz tempo que não aparece. Pela primeira vez, esqueceu o dia do meu aniversário.

Marta continua arrumando as gavetas enquanto filosofa:

– Bem, tudo é aprendizado...

– Que aprendizado é esse que custa os prazeres da vida? Marta, pergunte se eu sou feliz no meu emprego.

Hilário interrompe por um momento os exercícios. O suor escorre de sua testa.

– Não preciso perguntar. Já sei o que vai dizer.

– Sei que você sabe, mas gostaria de frisar: acho meu emprego uma droga. Um tremendo jogo de faz de conta, uma peça, um teatro. Os melhores atores levam as melhores recompensas. Por que motivo você acha que fui promovido? Porque faço de tudo para ser normal, ou melhor, seguir as normas.

– Acho que não precisa ser assim.

– Marta, você não conhece as empresas. Nossos estudos de caso na faculdade nem sempre refletiam a dura realidade.

Marta fecha o guarda-roupa e procura um livro entre os vários empilhados na mesa de cabeceira. Hilário prossegue recordando histórias conhecidas dos dois.

– Você lembra do Evaristo? Quis inventar e dançou. Seu chefe se sentiu ameaçado por seu alto desempenho. Passou a ser excluído de reuniões importantes, o chefe não abria a agenda para atendê-lo e ele deixou de receber premiações e bônus. Agora está por aí, procurando emprego. Um tolo! As empresas querem resultados, de preferência sem mudar nada. Essa história de equipe criativa é conversa pra boi dormir. As ideias valem se derem resultados. Senão, você está frito. E como saber? – completa, fazendo cara de esperto. – Faça como eu: na dúvida, não crie! Repita o conhecido, fuja do desconhecido. Siga as normas. É para isso que elas existem.

Hilário retoma os exercícios abdominais, forçando agora as laterais dos quadris.

– Marta, sabe para que serve um emprego? Para financiar a vida que acontece enquanto não estamos trabalhando. Agora veja o Jonas. Não tem vida nem quando descansa. Perdeu seus anos de juventude naquela empresa e o que ele tem agora? Um tremendo elefante branco nas mãos.

– Mas ele sempre se orgulhou da Dédalo – diz Marta, que parece ter encontrado o livro que procurava.

– Não mais. Ele me confidenciou que, se pudesse, venderia a empresa. Mas quem está interessado? Empresa é como ex-mulher ou ex-marido, você nunca se livra deles.

– Não gostei da brincadeira.

– Pelo menos um dia vou me aposentar. Então teremos reservas suficientes para fazer nossas viagens e todo o tempo do mundo. Quem sabe até lá teremos nossa casa na praia, outra nas montanhas, aonde os nossos filhos poderão ir nas férias. O que mais podemos querer?

A pergunta que Hilário deixa no ar incomoda Marta. É algo que ela não consegue compreender, mas pode sentir. "O que mais podemos querer?!", Marta pensa. "Será que é só isso?"

Reflexiva, ela se retira com um livro debaixo do braço e com uma frase martelando na cabeça: "O que mais podemos querer?!".

MALABARISTAS DO SINAL VERMELHO

Uns exilados de um lado da realidade.
Outros reféns sem resgate da própria tensão.
JOÃO BOSCO e FRANCISCO BOSCO

Jonas passou a noite entre um cochilo e outro e acorda em sobressalto, preocupado com o horário, quase três da manhã. Na tela da TV desfilam alguns nomes. Não conseguiu assistir ao último filme até o fim. Desliga a TV e vai até a cozinha em busca de um copo de água. A boca seca, a respiração curta, a mente inquieta... Jonas arrasta o sono irrequieto até o amanhecer.

Agora que o clarão do sol anuncia o novo dia, ele caminha, sonolento, em direção ao banheiro. Lava o rosto e esfrega os olhos inchados. Pega o jornal e espia as manchetes enquanto coa o café. "Ameaça de inflação faz BC manter juros em 16,5%", "Desemprego sobe para 12,3%", "Toyota supera Ford no ranking mundial", "Argentina abre guerra aos têxteis brasileiros", "Guerra de traficantes deixa onze mortos", "Armados, índios e fazendeiros se enfrentam".

"É, vivemos vários tipos de guerra", pensa.

Pasta, paletó, celular, maço de cigarros, chave do carro... Tudo pronto para mais uma semana de trabalho árduo. Antes de sair, ele ainda rega os vasos de violetas.

O noticiário no rádio do carro confirma as informações do jornal. Muda de estação, ouve os comentários sobre mudanças nos ministérios, os casos de corrupção no governo, a defesa da reforma fiscal e tributária, as novas normas de arrecadação, as variações do dólar e o aumento nos preços dos insumos, a nova fuga de prisioneiros da penitenciária, o aumento no número de sequestros-relâmpago na cidade.

– Alguma dúvida de que é uma guerra? – sussurra Jonas, como se estivesse falando com alguém.

Na rua, mendigos e malabaristas nos sinais vermelhos. Guardas vigiam o trânsito com talonários nas mãos. A chuva miúda dificulta ainda mais o tráfego intenso.

Quarenta minutos depois, lá está ele em frente ao portão principal da Dédalo. Relembra como tudo começou, em um pequeno e precário galpão emprestado pelo tio de Hilário. Naquele tempo, a Dédalo era um sonho de juventude e, ele, Jonas, uma promessa. Tinha o desejo de realização, de dirigir uma empresa admirada e ganhar muito dinheiro.

De fora, a Dédalo parece um quartel. Muros altos contornam a sede. Vigilantes fazem a guarda, uma legítima milícia privada. Com exceção dos carros da diretoria, os outros são sempre revistados na entrada e na saída. Faz parte das normas de segurança.

Jonas estaciona em sua vaga privativa, bem ao lado do escritório. A recepcionista e a secretária logo percebem que será mais um dia daqueles, o mau-humor dele está à superfície.

– Bom dia, Rose. Convoque uma reunião de emergência. Peça ao Clóvis e ao Adolfo que venham imediatamente à minha sala.

– Sim, senhor!

Rose é secretária de Jonas há muitos anos. Já está acostumada com seu jeito de querer as coisas para ontem e de não gostar de ser contrariado. Por isso, "Sim, senhor" é a regra.

A espera de quinze minutos parece uma eternidade para Jonas. Adolfo é o primeiro a chegar, com relatórios, gráficos e notebook.

– Trouxe os resultados da semana passada e os parciais do mês.

– Ótimo, esse é o tema da nossa reunião.

Como se sente seguro com Adolfo! É seu braço direito e um diretor imprescindível. Conhece todos os meandros da empresa e tem o mérito de poupar o patrão dos emaranhados assuntos fiscais, legais e contábeis.

Como *controller*, Adolfo detém as informações cruciais. Sua influência no processo decisório é inquestionável. Seu estilo controlador gerou vários desafetos e o desligamento de outros diretores que passaram pela Dédalo nos últimos anos. Nada, porém, abala seu prestígio junto ao dono.

Clóvis é o outro lado da moeda. Parece estar sempre disperso, alheio à realidade. Pensa muito antes de tomar uma decisão, o que deixa Jonas bastante aflito.

É ele quem entra agora na sala, esbaforido, a gravata desalinhada, os olhos arregalados.

– Pois não, chefe!

– Clóvis, você sabe em que dia do mês nós estamos?

– Claro que sei, estamos no dia 24. E temos pouquíssimo tempo para encerrar o mês.

– É só isso que tem a dizer? Nenhuma estratégia, nenhuma nova tática de combate, nenhuma rota alternativa, nenhuma bomba surpresa, nenhum campo minado para os concorrentes?

Adolfo intervém:

– Os estoques estão muito elevados e a fábrica continua operando com 65% da capacidade. Nossos custos de estocagem estão subindo. Precisamos aumentar o faturamento até o fim do mês, caso contrário teremos uma queda acentuada na taxa de retorno.

– Vamos transformar esses estoques em duplicatas – Jonas se dirige a Clóvis. – Ao ataque! Precisamos buscar dinheiro no mercado.

– Mas nossos preços estão altos, o prazo de vendas é baixo e somos muito rigorosos na concessão de crédito – Clóvis reclama, desconsolado. – Isso dificulta o faturamento. Precisamos pensar mais em resolver os problemas dos clientes, e não em criá-los.

– Você sabe, Clóvis, que temos o melhor padrão de qualidade do mercado. Ora, isso não conta?

– Não mais, ou nem tanto. Penso que devemos criar um sistema de bonificação para os vendedores, pelo menos para este mês. Isso vai motivar a equipe.

– Ora, ora! Remunerando bem os vendedores as vendas saem, não é? – pontua Adolfo, mais que depressa. – Então o problema não está nos preços altos. Os gastos com comissões de vendas já estão perto de 10% do nosso faturamento. Superam o montante de lucro.

– Infelizmente é assim que funciona, Adolfo – argumenta Jonas. – Acene com dinheiro que você verá como o pessoal é capaz de tirar leite de pedra. Se a ideia do Clóvis não é boa, precisamos de outra. Uma estratégia que coloque os estoques para fora. Temos que desová-los e trocá-los por papel o mais depressa possível. Gerar caixa!

– E se aumentássemos os descontos nesse final de mês? – sugere Clóvis, esperando a réplica de Adolfo.

– Não podemos oferecer descontos no nosso produto carro-chefe, pois sua margem de contribuição já diminuiu 5 pontos percentuais. – Adolfo simula cálculos no computador. – Os custos de estocagem e de capital de giro equivalem a um desconto de até 8% nos outros produtos da linha, se considerarmos o giro dos estoques de 2 para 2,5 do volume de faturamento.

Jonas aprecia a maneira desenvolta de Adolfo lidar com números, embora não compreenda muito bem o raciocínio financista. Enquanto Clóvis toma nota das projeções financeiras, Rose entra na sala para servir café e entregar um bilhete ao chefe, anunciando Marta na recepção.

– Adolfo, encaminhe e-mails formalizando nossa decisão – diz Jonas, ao mesmo tempo que lê o bilhete. – Clóvis, comunique isso imediatamente à equipe de vendas. Vamos tentar salvar o mês. Este é o terceiro seguido em que recorremos a descontos e premiações para atingir metas. Precisamos de outro tipo de solução. Nosso desafio é ocupar a capacidade ociosa da fábrica, produzir e colocar toda a produção no mercado. Só assim conseguiremos bons resultados.

Jonas ajusta o nó da gravata.

– Vamos contratar um agente de negócios que transforme essa capacidade ociosa em lucro.

Adolfo e Clóvis já estão acostumados às decisões intempestivas que Jonas toma sempre que entra em estado de alta tensão. Jonas se levanta e anuncia o término da reunião.

– Quero deixar uma coisa bem clara para vocês: sou uma pedra rolando ribanceira abaixo. Coitado de quem não rolar mais rápido. Eu passo por cima. Vou criar uma Operação Ataque para tirar todos da apatia em que estão. Agora me deem licença que preciso atender uma amiga. Amanhã voltaremos ao assunto.

ARMAS E MUNIÇÃO

– Oi, Marta, que bela surpresa! – cumprimenta Jonas, abraçando a amiga.

– Queria vê-lo. Ainda ontem falamos de você em casa.

– Como está o Hilário? Soube que foi promovido.

– Finalmente! Já era hora, depois de tantos anos dedicados à empresa.

– E você? Parece bem. Não perde a mania, hein? Sempre acompanhada de um bom livro – diz ele, reparando no exemplar nas mãos de Marta.

– Isso enquanto não estou administrando casa, marido, filhos, cachorros, supermercado...

Jonas sorri, achando graça no contraste. Lembra-se dos tempos da faculdade de administração. Marta era uma ativista. Saía às ruas para protestar contra a corrupção no governo, fazia piquete na entrada da escola denunciando os aumentos abusivos das mensalidades, aderia às causas ambientais e aos movimentos em prol da cidadania. Além disso, era uma aluna inteligente e intuitiva. Seus trabalhos sempre se sobressaíam pela criatividade.

– E onde está toda aquela energia dos tempos da universidade e aquela vontade de fazer e acontecer?

– Epa! Não pense que administrar as finanças domésticas e a educação dos filhos seja pouca coisa.

Marta mantém a vitalidade e o entusiasmo dos tempos de estudante. A gravidez inesperada representara o fim de seus sonhos empreendedores.

Não queria nada daquilo: fraldas, amamentação, noites insones e choros infindáveis. Depois viriam a escola, as desavenças com colegas, os complexos e as carências. Marta viveu uma crise interior.

Queria continuar os estudos, fazer mestrado em marketing, arranjar um emprego antes de empreender seu próprio negócio.

O papel integral de mãe, no entanto, falou mais alto. Ela fez sua escolha.

Preferiu acompanhar o crescimento dos filhos, os primeiros passos, as primeiras palavras, aquilo que só acontece uma vez na história de cada um. Mas ainda carrega o medo de desatualizar-se e não conseguir voltar ao mercado de trabalho. Por isso, não deixou de estudar, participar de palestras e ser uma leitora contumaz de livros que tratam de liderança, negócios e empreendedorismo.

– No tempo que sobra, contribuo com alguns projetos sociais e presto ajuda à empresa de uma amiga, uma rede de restaurantes bem-sucedida.

Marta e Jonas põem a conversa em dia e vivem momentos de alegre nostalgia ao recordar os bons tempos de aprendizado e juventude.

– Espere aí! Eu vim aqui para saber de você – diz Marta, mudando o tom da conversa. – O que você tem feito?

– Estou tentando sobreviver – responde o amigo, acendendo um cigarro. – A cada dia que passa, fica mais difícil administrar a Dédalo.

– O que é isso, Jonas, agora deu pra fumar? Desde quando?

Marta se lembra do jovem sonhador e sua amada, a Dédalo. Na época, uma empresinha promissora. Hoje, uma das mais importantes empresas do seu ramo de atuação.

– Há algum tempo, para ter um pouco de prazer – diz Jonas, um tanto constrangido, pousando o cigarro no cinzeiro. – Acabei de fazer uma reunião de diretoria. Sempre os mesmos problemas urgentes, sem nenhuma solução nova. Mês após mês. Aliás, a solução é bem conhecida: vender mais.

– Do jeito que você fala, parece que o mercado é um pronto--socorro, feito para ajudá-los.

– E não? É lá que está o dinheiro. É preciso extrair o máximo do mercado. Afinal, as contas a pagar não esperam, nem as dívidas assumidas. Com os custos em elevação, está difícil voltar às taxas de retorno históricas. Precisamos nos armar para enfrentar também as novas batalhas, que, pelo jeito, serão ainda mais difíceis.

Inventei uma Operação Ataque para ver se mexo com a moçada. Todos estão muito acomodados.

Marta ouve com atenção. Jonas respira fundo e continua:

– O mundo é uma *arena de guerra*. A sobrevivência depende de *armas e munição*. As ameaças são diárias.

– Mas isso não precisa ser assim...

– Marta, você está fora dessa guerra... – interrompe Jonas, deixando a frase no ar.

Lembra-se do quanto foi difícil para ela postergar seus sonhos profissionais. Artes e negócios sempre fizeram parte das conversas na casa de Marta. A mãe era artista plástica e poeta, e o pai, um alto executivo de um grande banco. Ela aprendeu a gostar tanto de arte como de negócios. Aliás, sempre sonhou com seu próprio negócio e em fazê-lo com arte.

Ela ficara muito tentada a aceitar o convite de Jonas para associar-se à Dédalo, mas o casamento com Hilário aconteceu logo após a formatura e sua vida deu uma reviravolta.

– Bem, Marta, o que quero dizer é que vivemos, aqui, na Dédalo, como os países em guerra: sonos com sobressaltos, bombardeios inesperados, sangue, suor e lágrimas. Ou evitamos as batalhas, ou partimos para um combate sem trégua e sem ética, em busca dos recursos necessários que assegurem nossa sobrevivência. E, para completar, faltam bons oficiais e soldados. Estou rodeado de maus recrutas por todos os lados. Com exceção do Adolfo, que me ajuda a segurar o rojão.

– Acho que você anda assistindo a muitos filmes de guerra. Parece mais um general de caserna que um líder de empresa. O que você tem aprendido de novo?

– Estou na metade de um livro muito interessante. O tema é a arte da guerra aplicada aos negócios – Jonas responde, meio encabulado.

– Leia este, vai ajudá-lo – diz Marta, entregando um livro a Jonas.

Rose entra na sala com duas xícaras de café. Marta continua, depois de beber o primeiro gole:

– Jonas, quer saber? Você está assustado. Está com medo.

Jonas levanta-se e, em silêncio, vai até a janela, pensativo. "Medo? Eu?" Vê as empilhadeiras que se movimentam na fábrica e os caminhões que circulam no pátio. As máquinas estalam suas engrenagens. Tudo funciona mecanicamente, do jeito que ele sempre apreciou. Não foi à toa que se destacou como o melhor aluno da turma em Administração da Produção. E também não foi à toa que a Dédalo atingiu um dos melhores índices de produtividade em seu ramo. Foi o único aluno da turma que teve coragem de empreender com o pouco dinheiro que tinha. "Medo, eu? Marta sabe das coisas, mas desta vez está equivocada", pensa Jonas.

Prefere mudar de assunto.

– Marta, quer almoçar comigo?

TEATRO DO MEDO

Eles estão jogando o jogo deles.
Eles estão jogando de não jogar um jogo.
Se eu lhes mostrar que os vejo tal qual eles estão,
quebrarei as regras do jogo
e receberei a sua punição.
O que eu devo, pois, é jogar o jogo deles,
o jogo de não ver o jogo que eles jogam.
R. D. LAING

– Estive com o Jonas hoje. Almoçamos juntos.

– E como ele está?

– Assustado, tenso, desanimado.

Hilário afrouxa a gravata e vai para o sofá.

– Jonas escolheu o pior caminho quando decidiu empreender. As coisas estão muito difíceis.

– E você? Como foi seu primeiro dia como diretor?

Hilário estica as pernas sobre a mesa de centro.

– Interpreto, agora, o papel de líder. Gozado. Quando estamos por cima fazemos as mesmas coisas das quais nos ressentimos quando estávamos por baixo.

– E por que não fazer diferente?

– Para quê? Lembra-se do que conversamos? Fui promovido por ser uma pessoa normal, ou seja, que segue as normas. As coisas são como são.

– Talvez por isso a maioria das pessoas que conheço seja cética em relação às empresas em que trabalham.

– E não dá para ser diferente. Veja o nosso caso, uma multinacional. O discurso interno é de que precisamos trabalhar em equipe, ser solidários, cúmplices, amigos e fiéis. Enfim, ajudar uns aos outros, ser transparentes. Quando nos defrontamos com o placar do jogo, tudo muda. Precisamos ir para cima dos adversários. Não podemos deixar por menos. Agir rápido e para ganhar. Vale qualquer recurso. Aí não há lugar para franqueza nem autenticidade. Ou seja: por dentro, um mosteiro; por fora, uma brigada.

– Até parece que você andou conversando com o Jonas.

Hilário continua, desconsiderando o comentário de Marta.

– É um discurso contraditório...

– E incoerente – reforça Marta. – Imagino como as pessoas ficam confusas nesse embate entre a competição e a cooperação.

– Mas, no frigir dos ovos, o que conta mesmo é a competição. Não se deixe enganar.

– É contraditório... Como as pessoas vão se entregar a algo que não compreendem? Fico me perguntando se, diante disso tudo, elas conseguem oferecer o que têm de melhor – filosofa Marta. – Às vezes, penso que as empresas utilizam muito pouco o potencial das pessoas.

– Não é bem assim. Você acha que é fácil manter as aparências e interpretar o papel de pessoa normal? Isso exige talento, minha querida.

– Deixe de brincadeira, Hilário! Estou falando do talento voltado para o objetivo de uma empresa. Diante da incoerência do discurso, as pessoas ficam atordoadas. Não sabem distinguir o certo do errado. Acabam optando por cumprir apenas o dever diário, a rotina, que não exige que estejam inteiras. É isso que eu noto. Para executar tarefas repetitivas, basta o corpo. A mente e a alma são desnecessárias. Na verdade, as pessoas ficam amedrontadas e não tomam as melhores decisões.

– Fico impressionado como você sabe das coisas, mesmo estando fora do mercado de trabalho. No fundo, Marta, existe um grande esforço para deixar as coisas como estão, ainda que esse esforço venha travestido de audácia e ousadia.

– Tudo não passa de um teatro. O teatro do medo – complementa Marta contrariada. – E isso explica muitas coisas...

Enquanto Marta mergulha na indignação, Hilário afunda na resignação.

REGENTE DA PRÓPRIA VIDA

Jonas nem vê a semana passar. Faz vigilância cerrada a Clóvis. Intervém no seu departamento, para que as oportunidades de venda não se percam. A cada dia, Adolfo ajusta os números, anunciando o volume de vendas, de faturamento, de carteira, de estoques e os resultados parciais. É muito esforço para pouco resultado. Só com muita sorte as metas serão atingidas. Se continuar nesse ritmo, a Dédalo terá de reduzir a jornada de trabalho e creditar o banco de horas. Ou, pior, fazer demissões. A folha de pagamento, alerta Adolfo, representa 23% do faturamento, contra o histórico de 18%. Existe aí uma gordura para queimar. Os salários estão na média do mercado, um pouco abaixo talvez. Resta, então, enxugar o quadro.

Mas está aberto o processo de contratação de um agente de negócios, seja qual for o preço desse profissional do milagre. O objetivo é colocar no mercado, mesmo em outros segmentos, toda a produção que a fábrica é capaz de gerar e ocupar de vez a capacidade ociosa.

Pensando em tudo isso, um Jonas cansado prepara seu ritual de fim de semana: procurar por filmes de ação que o ajudem a se entreter e desligar dos problemas, reforçar o estoque de cervejas, repor os salgadinhos da despensa, comprar cigarros.

Ele se lembra dos tempos de universidade, dos sonhos de construir uma empresa sólida e admirada por seus pais, irmãos e amigos. Não queria trabalhar como assalariado. Bastava já a vida que seu pai havia levado. A crise e as dificuldades financeiras sempre estiveram presentes nas conversas dos almoços de domingo. Depois de 30 anos de dedicação a uma única empresa, sua recompensa foi uma carta de demissão numa tarde de sexta-feira, às vésperas do Natal. A notícia foi tão chocante que a família demorou a acreditar nela. Seu pai, na idade em que estava, não conseguiu mais emprego. Faleceu, amargurado, 3 anos depois.

Essa experiência familiar foi determinante para que Jonas resolvesse ter seu próprio negócio e não deixasse ninguém definir os rumos de sua carreira. Queria ser o regente da própria vida profissional e pessoal.

Por esse motivo, acabou com o primeiro casamento. Não tolerava as reclamações da esposa sobre suas ausências e sobre a pouca dedicação à vida conjugal. Para ele, a Dédalo estava em primeiro lugar. Adiava sempre a intenção de ter filhos. A esposa vivia dizendo que ele se casara com a empresa. Jonas negava, só para não a deixar magoada. Mas, em sua escala de prioridades, não restava a menor dúvida, o sucesso empresarial e financeiro sempre foi seu maior objetivo.

No segundo casamento, deixou bem claro: a empresa vinha, sim, em primeiro lugar. Jonas também acabou ficando em segundo lugar, a esposa se apaixonou por um amigo que lhe dava mais atenção. E daí para a separação foi apenas uma questão de tempo. O episódio deixou nele um grande sentimento de rejeição, traição e abandono. Ele se entregou com mais ardor ao trabalho e à empresa.

Dos primeiros tempos de retorno à vida de solteiro, Jonas até gostou. Viveu uma liberdade que não desfrutara nos anos de vida conjugal. Concentrou-se no trabalho. E foi o que fez a empresa se projetar. Mas, de lá para cá, o mercado mudou muito. Os concorrentes chegaram perto. Todas as empresas do setor são mais ou menos iguais: fabricam os mesmos produtos com os mesmos processos, praticam preços semelhantes, utilizam mão de obra com a mesma qualificação, compram insumos dos mesmos fornecedores e disputam os mesmos clientes. Ficou difícil ganhar dinheiro. Os clientes começaram a leiloar os preços e as margens passaram a despencar a cada ano.

De novo, lá está Jonas, mergulhado nas preocupações. Acende um cigarro. Estirado no sofá, tenta assistir ao quinto filme sem ter chegado ao final de nenhum dos anteriores. É difícil concentrar-se. A semana foi atribulada e estressante. E a seguinte promete ser ainda mais.

OPERAÇÃO ATAQUE

Jonas analisa os resultados de cada produto nos relatórios de Adolfo. As margens caíram em decorrência dos descontos concedidos e também devido ao aumento das matérias-primas.

Compara-os com os resultados do mês anterior. Pequenos avanços em alguns produtos, quedas acentuadas em outros. Confronta-os com os do mesmo período do ano anterior. As quedas são ainda mais acentuadas, confirmando seus receios. O mar não está para peixe! Seus pensamentos são interrompidos por uma ligação telefônica transferida por Rose.

– Bom dia, Jonas!

– Oi, Marta, como vai?

Marta percebe o mau humor do amigo.

– Estive pensando sobre nossa conversa.

– Lá vem você! – graceja Jonas.

– Imagine que você está preso em um engarrafamento de fim de tarde numa grande cidade, prestes a perder um compromisso importante, aguardado há dias. Qual seria seu sentimento?

– De impotência e frustração...

– E com a adrenalina em alta, provavelmente.

– Sim. E daí? – retruca, incomodado, sem saber aonde Marta quer chegar.

– Daí que qualquer boa ideia é bloqueada. O objetivo maior é lutar ou fugir dali o mais rápido possível.

– Marta, de novo aquela história do medo? – Jonas demonstra impaciência.

– É assim que você está vivendo e conduzindo sua empresa. Confinado e refém de uma realidade que não existe, que você mesmo criou.

– Você só pode estar brincando. Desculpe, mas você não sabe como o mundo funciona. Nós não estamos reféns, nem confinados; estamos agindo. A Operação Ataque já está no ar. Vamos contratar um agente de negócios para aumentar o faturamento da Dédalo e reverter a queda de nossa taxa de retorno.

– O que estou tentando dizer é que você não consegue ver para além de um universo muito restrito. Você está muito voltado para dentro da empresa.

– Tem razão. Por isso a necessidade do agente de negócios: para avançar sobre nossos concorrentes e tomar seus mercados. É como iremos aumentar nosso *market share*. É a lei do mais forte. Eles estão tentando fazer o mesmo.

– Isso levará a Dédalo apenas até o limite do possível. Você está invertendo os valores. Por falar nisso, você leu o livro que lhe dei?

– Sem chance, ando de cabeça quente – diz, impaciente. – Marta, desculpe interromper. O candidato à nova vaga está à minha espera na recepção. Preciso entrevistá-lo. Quero contratar um guerreiro para resolver nossos problemas. Um galo de briga, dos melhores. O mercado é uma rinha. Espero que compreenda, mas preciso desligar. Nos falamos mais tarde.

Jonas sente um certo desconforto ao desligar. No fundo, percebe que a tal Operação Ataque nada mais é do que instituir o medo nos funcionários para que todos se sintam ameaçados e, com isso, cumpram suas metas. Está obcecado pela ideia de fortalecer a artilharia e reconquistar os territórios perdidos. Tenta resumir a estratégia de atuação da Dédalo rabiscando um pequeno esboço:

MERCADO	REAÇÃO/AÇÃO	ARTIFÍCIOS E RECURSOS	PLANOS E PROJETOS	PERFIL DE PROFISSIONAL
Arena de guerra	Lutar ou fugir	Armas e munição	Operação Ataque	Guerreiro

2

MINA DE RECURSOS ESGOTÁVEIS

OPERAÇÃO COMBATE

Escobar Farias é o novo agente de negócios da Dédalo. Indicado por Adolfo, ele é considerado um arguto negociador. Possui um invejável currículo de vendas, fusões, incorporações e *joint ventures* de empresas dos mais variados ramos de atividade.

Alinhado em seu terno azul-marinho, ele toma um assento à mesa de reuniões.

– Agora é para valer, vamos retomar os velhos tempos da Dédalo – inicia Jonas. – Nossa equipe de profissionais passa a contar com Escobar Farias.

– Escobar é um velho conhecido e o que mais admiro nele é seu tino comercial e sua capacidade de negociação – endossa Adolfo.

– De que precisaremos muito – acrescenta Jonas.

– Antes de tudo, é bom que ele conheça bem nossa linha de produtos, nossos concorrentes, nosso negócio – comenta Clóvis, bem menos empolgado.

– Estou a par do mercado e de suas forças competitivas – diz Escobar. – Vamos aumentar o nosso *market share.* A Dédalo tem espaço para crescer, mas terá que enfrentar os concorrentes com unhas e dentes. A disputa será ferrenha, mas somos capazes de vencer. Vamos transformá-la na empresa número um do mercado.

Adolfo e Jonas estão satisfeitos. O discurso de Escobar soa como música a seus ouvidos.

– Precisamos ser agressivos e rápidos – continua Escobar. – O mundo dos negócios é dos que andam ligeiro; não há mais espaço para os lerdos.

– Dos lerdos, queremos os seus mercados – reforça Adolfo.

– Os clientes são de quem chegar lá primeiro – afirma Jonas. – Precisamos tomar o mercado dos concorrentes antes que eles tomem o nosso. E temos armas suficientes: a fábrica está equipada, nossos produtos possuem alto padrão de qualidade, somos certificados…

– Isso tudo ajuda, mas talvez não seja suficiente – interrompe Escobar. – O jogo do mercado é feito de manhas e artimanhas. *Unfair competition.*

Jonas está confiante, parece ter contratado a pessoa certa. É o galo de briga que tanto queria. Ordena, categórico:

– Quero deixar claro alguns objetivos a atingir: retomar nossas taxas de retorno históricas, recompor nossas reservas de lucro, reconquistar a liderança do mercado.

– Vou preparar novas projeções financeiras com base na taxa de retorno desejada – acrescenta Adolfo. – Então, teremos nossas metas de produção e faturamento até o fim do ano.

– Gosto de trabalhar com metas e desafios – comenta Escobar. – E de aumentar ao máximo o *bottom line* na demonstração de resultados, no final de cada mês.

– Estamos preparados para o crescimento – afirma Adolfo enfático. – Se necessário, poderemos trabalhar com três turnos.

– E você, Clóvis, continue adotando o sistema de premiação para garantir o ponto de equilíbrio, enquanto Escobar toma pé da situação de mercado – ordena Jonas.

– É bom que todos saibam que nossos concorrentes também estão se armando – Clóvis tira um *folder* da pasta. – Vejam a nova fábrica do nosso maior rival.

– Puxa! – exclama Adolfo, apreciando a vista aérea. – Pelo tamanho do telhado, parece que ficamos para trás.

– Por pouco tempo, Adolfo. Agora, com o Escobar na equipe, nosso maior rival terá de colocar a fábrica à venda para os estrangeiros. Sugiro transformar a Operação Ataque em Operação Combate. Vamos para cima da concorrência. Será um duelo de titãs – conclui Jonas.

Escobar sorri. Sabe que existe um espaço a ser ocupado na Dédalo, e isso vem ao encontro de seu desejo de ascensão na carreira e de poder.

TEATRO DO LIXO

– Jonas nem ao menos me deu ouvidos.

– Ele é um empresário experiente, Marta. Não é nenhum principiante. Você está menosprezando a capacidade dele.

O trânsito está lento e os limpadores de para-brisas não dão conta de expulsar a água, que cai a cântaros. Hilário acende o farol.

– Acontece que ele se meteu em um mundo de escassez e não pensa em outra coisa a não ser recuperar a Dédalo – continua Marta.

Um bueiro entupido lança água em enxurrada sobre a rua.

– A cidade está um lixo. Este verão promete – comenta Hilário, mudando de assunto. – É melhor desviar pela direita.

– É preciso uma campanha educacional para manter a cidade limpa. Sujeira chama sujeira.

– Na empresa é assim também – comenta Hilário enquanto escapa de outro bueiro entupido.

– O que você quer dizer com isso?

– As fábricas são muito feias, abafadas e barulhentas. Nos dias de verão, o calor é insuportável. Sem falar nos banheiros: nem sempre limpos e asseados.

– Como vocês pretendem conseguir o melhor dos funcionários em ambientes tão inadequados?

– A maioria das fábricas é assim. E são os próprios empregados que fazem essa sujeira – justifica-se Hilário, surpreso com a indignação de Marta.

– Às vezes, tenho a impressão de que os ambientes físicos são o retrato dos próprios preconceitos dos líderes.

– Como?

– O ambiente físico é preparado para receber a mão de obra como se ela fosse um recurso ou meio de produção. Parece que os empregados são desprovidos de mente e alma. Apenas corpos a serem gastos na produção e restaurados nos refeitórios e ambulatórios.

– Também não precisa exagerar. Você não é mais líder estudantil para fazer esses discursos revolucionários.

– Aposto com você que os chefes nem ao menos sabem os nomes de seus funcionários. Estou certa?

Hilário concorda, resmungando, ao mesmo tempo que tenta desviar dos buracos alagados do asfalto.

– Esse é mais um teatro, Hilário. Você se lembra do teatro do medo, do qual falamos? Este, agora, é o *teatro do lixo*, em que as pessoas são postas a trabalhar no calor, em meio a poeira, a sujeira, a bagunça. Mas esse é apenas o aspecto físico do *teatro do lixo*, há também o psicológico, como o anonimato ou o tratamento inadequado e indigno.

– As coisas são assim, Marta. Na Dédalo, não é diferente, confirme com Jonas. Não posso fazer nada – diz Hilário, tentando sintonizar uma estação de rádio que toque música. – Não fui eu que inventei tudo isso.

– Todos nós somos responsáveis, Hilário. Há jeitos e jeitos de ver as coisas. Acontece que às vezes os olhos estão doentes e não enxergam. E isso também explica muitas coisas...

Hilário cantarola, desatento, acompanhando a música do rádio. Marta cola o rosto no vidro da janela. Como lágrimas de indignação, a água da chuva escorre pelos contornos do veículo.

MANHAS E ARTIMANHAS

Há bons motivos para comemorar! Os números demonstram que a Dédalo está tomando o mercado dos concorrentes.

Adolfo, sisudo por natureza, até brinca na reunião.

– Quero ver o que nosso rival vai fazer com todo aquele telhado.

Todos riem. É bom o gosto da vitória. Será duradoura?

Na verdade, a reunião foi muito aborrecida e sonolenta. Adolfo abusou do *datashow* para projetar seus relatórios econômico-financeiros. Enquanto narrava os dados, com apoio de uma caneta laser, os ouvintes pareciam anestesiados. Cada um lutava bravamente contra o sono. Já era chato antes e ficou ainda pior. Um festival de bocejos. Clóvis se excedeu no café. Ninguém se comunicava. Catatônicos, todos tinham o olhar pregado no telão à frente. Os números se embaralhavam num palheiro sem fim, sem sabor nem significado.

Quatro horas depois, havia muita fumaça e pouca, ou nenhuma, discussão construtiva. As mesmas decisões de sempre: preços, prazos e descontos. Nada que fizesse o negócio progredir. Nenhuma ideia. Aprendizado zero. Os relatórios foram distribuídos, cujo destino seria o ostracismo imediato em algum armário, do qual sairiam somente para o lixo, durante a impiedosa limpeza do final do ano. Um tédio.

Jonas pensa na última conversa com Marta. Admite que ela tem um pouco de razão. A Dédalo está muito voltada para si mesma. É preciso mudar e ficar de olho na concorrência.

Mais que uma *arena de guerra*, o mundo se parece com uma *mina de recursos esgotáveis*, que não são suficientes para todos – eles são daquele que chegar primeiro. É preciso ser veloz e sagaz. O mundo é dos astutos.

Aí está Escobar para provar como o mercado funciona. Se precisar pisar no pescoço do adversário, não pensa duas vezes. O mercado é de quem sabe competir. Esta é a palavra mais importante do dicionário dos negócios: competição. Nisso, Escobar é bom, com todas as suas *manhas e artimanhas*. Gosta de dinheiro e sabe fazê-

-lo. Com a remuneração vinculada ao seu faturamento, Escobar faz chover no deserto. É preciso fazer vista grossa para endossar os negócios e as negociatas de Escobar. Mais do que um guerreiro, ele é um jogador. Afinal, o mercado não é lugar para santos!

Mas algo parece estar fora de ordem: Jonas continua com o sentimento de vazio. A Dédalo está se recuperando, os resultados se recompõem. "Afinal, não era isso o que eu queria?", ele se pergunta, perplexo.

Ouve alguns ruídos do lado de fora de sua casa. Crianças brincam com um baralho. Lá está o *Estraga-prazeres*. Parece estar em vantagem no velho jogo de rouba-montes. Alguma coisa não está correndo bem. Pelo jeito, houve trapaças. O xingamento é geral. O *Estraga-prazeres* corre, levando o baralho.

– Esse garoto é de amargar – Jonas diz, em voz alta, para as paredes.

Vai até a cozinha preparar um sanduíche. Rapidinho, porque não quer perder o filme de aventura na TV por assinatura. Nada como comemorar a retomada dos resultados com um bom lanche na frente da TV.

Mas ele não consegue se concentrar no filme. E não entende por quê. Justo agora que as coisas estão entrando nos eixos! Tem o guerreiro que desejava. Escobar é o profissional que ele detestaria ver no concorrente. Adolfo, como bom guardião, controla tudo em detalhes. Sente-se seguro. Afinal, o que há de errado?

Existe algo de errado em querer vencer? Em querer ser melhor do que os concorrentes e ditar as regras de mercado? Em querer ter o poder e deter o controle da empresa, para fazer tudo a seu modo? Com voracidade, a Dédalo captura a cada dia o mercado dos concorrentes.

O que existe por trás de tantos quereres? Dos muitos direitos e dos poucos deveres? Medo? Será que Marta tem razão? Mas em quê?

O PASSARINHO DE TODAS AS MANHÃS

Se você conhece o seu inimigo,
você ganha a maior parte do tempo.
Se você conhece a si mesmo,
não existem inimigos.
SUN TZU

Noite de insônia e reflexão. A luz do sol teima em não aparecer. Os pensamentos insistem no refrão: "Algo está fora de ordem".

Finalmente, a aurora. E lá está ele: o passarinho de todas as manhãs, praticando seu ritual diário. Empoleirado sobre o espelho retrovisor do carro, ele dá bicadas no vidro. Jonas observa. Por que ele bica o vidro? Porque vê um passarinho inimigo, afoito por tomar seu lugar. Ele teme ficar para trás. Ora! Não há lugar para os dois. Então eles competem pelo mesmo espaço. Umas boas bicadas vão deixar claro quem manda e quem é o dono do pedaço. Mas o inimigo é tão ágil quanto ele. Bica com a mesma precisão e no mesmo lugar. Parece adivinhar sua tática e copiar sua técnica com exatidão. Depois de várias tentativas frustradas, o passarinho desiste, derrotado. Mas não aprende. No dia seguinte, tudo acontece outra vez.

Enquanto recolhe o jornal na varanda, Jonas pensa na rotina desse passarinho. De certa maneira, é assim que a Dédalo sobrevive. É certo que a empresa já lhe deu muitas alegrias. No começo, quantos desafios instigantes: viabilizar produtos, comprar máquinas, construir galpões, contratar mão de obra e aumentar o capital todos os anos. Jonas se lembra com saudade do primeiro pedido, da primeira venda, da primeira fatura, da primeira duplicata. Depois, o trabalho de sistematizar tudo, moldar a operação, delinear o fluxo de trabalho e, claro, elaborar relatórios e organizar informações. Seu porte aumentou e passou a disputar o mercado com empresas maiores e tradicionais.

A Dédalo cresceu aproveitando-se das brechas deixadas pelos concorrentes. Foi até fácil diante da soberba e da rigidez deles.

Procurada pelos clientes, ela soube flexibilizar as condições comerciais e tornar-se atrativa.

Hoje, está como o passarinho de todas as manhãs, repetindo-se dia após dia, combatendo e sendo combatida. Com as mesmas armas. Nada de novo.

O passarinho de todas as manhãs não consegue ir além do espelho. Está preso ao alcance de sua compreensão.

De certa maneira, é assim mesmo que Jonas se sente.

No jornal, uma matéria desperta seu interesse.

Pesquisa do Centro Médico da Universidade de Duke constatou que pessoas do tipo agressivo e competitivo, por acreditarem estar cercadas de pessoas desonestas e mentirosas, veem-se forçadas a também mentir e trapacear para não ser exploradas, e, com isso, tornam-se tensas e preocupadas, o que se reflete em suas artérias e pressão sanguínea, tornando-as o alvo predileto de doenças cardíacas.

Uma torrente de reflexões invade a mente de Jonas. A vitória dá prazer momentâneo, mas nos coloca em um mundo cheio de adversários, dispostos a dar cabo de nossa felicidade. Talvez seja esse o maior problema da competição: para alguém vencer, o outro tem de perder. A ascensão de alguns é a derrota de outros. Essa situação de "matar ou morrer" gera o medo.

A coragem não é o oposto do medo. Nos campos de batalha, o soldado sente muito medo e ainda assim enfrenta todos os perigos. Faz qualquer coisa para se proteger ou garantir sua sobrevivência.

"Algo está fora da ordem", repete o refrão. Os talentos não servem para nada quando o medo está no comando. É como uma nuvem escura tapando a luz do sol.

"Marta pode estar certa!", pensa Jonas. De dentro do carro, ao sair da garagem, liga para ela:

– Marta, bom dia. Quero retomar aquela nossa conversa. Que tal um almoço nesta semana?

– Claro! Pode ser na quarta-feira? Gostaria que você conhecesse o restaurante de uma amiga.

– Combinado. Passe depois para a Rose o horário e o endereço.

O SABOR DO ENTUSIASMO

O manobrista recebe Jonas como se já o conhecesse, com um belo sorriso e desejando-lhe bom apetite. O cheiro da boa comida é tentador. A recepção, bonita e agradável. Um jardim de inverno de muito bom gosto abriga uma pequena fonte em meio às folhagens da exuberante vegetação. O ruído da água complementa a atmosfera acolhedora e serena. Marta, sentada confortavelmente, beberica o que parece ser um suco de tomate enquanto lê, compenetrada. Jonas se lembra do livro que ela lhe deu, mas que ainda não leu.

Ela conserva aquele jeito faceiro e vivaz do tempo da escola, sempre demonstrando disposição e transmitindo entusiasmo. Parece que aprende algo novo todos os dias, tal é a desenvoltura com que trafega por assuntos diversos, principalmente na área de negócios, seu tema predileto.

Sua beleza natural se destaca no ambiente inspirador.

– Olá! Que belo lugar você escolheu! – diz ele, aproximando-se de Marta.

– Como vai, Jonas? Que bom que você gostou. Espere um pouco, quero lhe apresentar minha amiga, Anita, dona do restaurante.

Jonas espia o salão: lotado e com fila de espera. Atendentes circulam entre as mesas, solícitos. Reina um bem-estar geral, um tipo de ritual e magia.

A um sinal de Marta, Anita se aproxima.

– Anita, empresária de mão-cheia, proprietária desta rede de restaurantes. Este é meu amigo Jonas, de quem já lhe falei.

Jonas e Anita cumprimentam-se calorosamente como velhos amigos que há tempos povoam as muitas conversas com Marta.

Olhos e boca grandes, sobrancelhas grossas, Anita é uma mulher belíssima. Mantém uma aura saudável que irradia energia e jovialidade, visível na cor da pele e no brilho dos olhos, sobrepondo-se à idade.

Jonas veio a saber, em conversa com Marta, que não foi sempre assim. Anita era uma criança mirradinha e doente. Na adolescência teve uma doença considerada incurável. A família, de poucas posses, vendeu o que tinha e mudou-se para a cidade grande em busca de uma solução para aquele martírio.

Encontraram amparo em uma colônia de pessoas que pesquisavam e praticavam a vida natural. Os remédios eram apenas aqueles oferecidos generosamente pela Mãe Natureza: água, luz solar, exercícios físicos, repouso, temperança, boa alimentação. E, sobretudo, confiança em Deus.

Completamente recuperada, Anita passou a dedicar sua vida a ações em prol do bem-estar das pessoas por meio da alimentação. Sabe, por experiência própria e por pesquisas, que os alimentos possuem os principais nutrientes de que o corpo necessita para garantir uma vida saudável. Não se vê no ramo de bares e restaurantes, assim enquadrado pelo sindicato e pela prefeitura. Diz que está no ramo da qualidade de vida e, por isso, seus restaurantes, sempre requisitados e cheios, oferecem mais do que refeições. Sua rede é, sobretudo, uma escola onde se aprendem hábitos alimentares saudáveis.

Marta discorre sobre as práticas de liderança de Anita, seu jeito de empreender e fazer negócios, o equilíbrio entre vida profissional e pessoal, a importância do trabalho integrado à vida. Jonas observa e escuta tudo com atenção.

– Estou encantado com o lugar, o atendimento, a atenção – declara Jonas, limpando a boca com o guardanapo – e também com Anita e sua história.

– Anita é a amiga de que lhe falei e a quem presto ajuda. Na verdade, aprendo mais com ela do que ela comigo. Conversamos sobre mercado, negócios, liderança e resultados. Ela é meu vínculo com o mundo das empresas. E não é só isso. Falamos também sobre a vida – é perceptível o amor e o carinho que Marta sente pela amiga. – Anita vale um doutorado.

Jonas aprecia o entra e sai no restaurante da bem-sucedida Anita.

– Jonas, quis trazê-lo aqui porque este ambiente faz parte da nossa conversa.

– E o que tem a ver nossa conversa com o restaurante de Anita?

– Muitas coisas. Notei algo quando estive na Dédalo.

– E o que é?

– Você falou sobre a empresa, os produtos, a fábrica, a nova máquina, os preços, os custos... Mas não disse nada sobre os clientes.

– Se não falei, foi por descuido. É óbvio que os clientes são importantes. Isso todos nós sabemos. Sem eles não existe faturamento.

– Todos sabem, mas poucos praticam. Quer ver? Quanto tempo do seu dia você dedica a pensar nas necessidades de seus clientes?

Jonas pensa um pouco e arrisca:

– Falamos todos os dias sobre a carteira de pedidos, quanto tem na produção, quanto tem na expedição – pelo olhar de Marta, ele sente que não é bem isso o que ela quer saber.

– Estou me referindo a gente, não coisas. Gente com necessidades, problemas a resolver, expectativas a atender, desejos a satisfazer.

– Ora, é para isso que a Dédalo produz e lança produtos. Não estou entendendo aonde você quer chegar.

– Jonas, onde está seu interesse? Onde estão os interesses da Dédalo? O tempo que vocês dedicam à discussão de números e problemas internos é o mesmo que investem na discussão das necessidades dos clientes?

O semblante dele fica carregado. Parece amuado. Não, não é, nem de longe. As conversas sobre clientes são quase sempre para tachá-los de aproveitadores, desleais e oportunistas. E pensar nas manhas e artimanhas necessárias para passar a perna neles.

Jonas começa a entender o que Marta quer dizer com "olhar para fora". Não se trata de fazer marcação cerrada da concorrência. Tem o ímpeto de acender um cigarro, mas o ambiente não é propício. Contém-se. Marta continua, incisiva.

– Tenho a impressão de que, para você, o mundo deve alguma coisa à sua empresa, e não o contrário. Daí a luta inglória de todos os dias, a guerra que existe na sua cabeça.

– Epa, espere aí! Tenho uma definição melhor para o mercado: uma *mina de recursos esgotáveis*. O que acha?

– A escassez continua presente. Se você acredita que o mundo é um ambiente de guerra ou uma *mina de recursos esgotáveis*, então verá tiros por todos os lados ou uma tresloucada caça ao tesouro. Sempre encontramos aquilo que procuramos, e o que procuramos depende do que pensamos. Cada um constrói a realidade de acordo com suas crenças.

– Você quer dizer, então, que a forma como vejo o mundo é um devaneio meu?

– Faz parte da sua verdade. É a sua realidade. Não é a de Anita, por exemplo.

Jonas volta a contemplar o ambiente agradável e movimentado do restaurante de Anita. Contrasta com o de vários restaurantes que conheceu e que fecharam suas portas por falta de clientes.

– Não dá para comparar o negócio de Anita com minha empresa... o porte, o ramo de atividade – defende-se, lacônico. – Meu caso é diferente.

Marta sorri, compadecida.

– Jonas, experimente olhar o mundo de outra maneira, como um lugar a conquistar. Para encontrá-lo, é preciso desbravar caminhos, aprender coisas novas, buscar aliados. Um lugar de mistérios a desvendar e segredos a descobrir. Substitua o medo pela curiosidade!

"Marta insiste nessa questão do medo", pensa Jonas. Mas desta vez ele está decidido a ouvi-la, ainda que não concorde com ela.

– E, com esse medo todo, você não consegue desviar a atenção de seus próprios interesses e problemas, para dirigi-la a outro lugar. O medo é um narcótico que paralisa a mente. Sob o efeito do medo, as boas intenções não se mantêm, as boas ideias não surgem. Infelizmente, o medo conduz sua empresa, toma decisões e orienta as ações. Por isso, a Dédalo não sai desse círculo vicioso; está bloqueada pelo medo. Troque-o pela curiosidade.

– E o que faço para instituir a curiosidade em minha empresa?

– Interesse-se pelos clientes. É o interesse que aciona o botão da curiosidade. Com isso, não dá tempo de alimentar o medo. Quando a atenção é ocupada pela curiosidade, surge a ousadia.

"Hum", reflete Jonas, "o que o Adolfo pensaria disso?"

– A curiosidade precisa de uma bússola que dê o sentido de direção – ela continua, enquanto saboreia um chá digestivo. – E necessita de um sonho, pois é preciso saber aonde se quer chegar.

– Mas o que devo fazer?

– Primeiro, voltar seu interesse e atenção para o mercado, mais especificamente para os clientes.

– E de mais prático?

– Abra espaço na agenda para conversar com sua equipe sobre o mercado e os clientes. É isso que vejo Anita fazer muitas e muitas vezes. Depois, faça com que sua equipe abra a agenda para o relacionamento contínuo com os clientes. Funciona!

Jonas sente um desconforto, um tipo de sufoco. Será uma reviravolta na Dédalo. Um choque na rotina diária, tão desabituados que estão ao exercício de olhar para fora. Todos estão assoberbados, cuidando dos problemas diários, apagando incêndios, matando um leão por dia. Os esforços são consumidos em rotinas e tarefas. Equipe? Só há dois tocadores de obra: Clóvis e Adolfo. Mais recentemente, Escobar. Abaixo deles, alguns gerentes e encarregados e, depois, o restante da mão de obra, como na maioria das empresas. Ah! E o Adolfo? Isso tudo parece muito distante do seu estilo. Será que ele aceitará essa mudança?

O almoço, sem dúvida, foi excelente. Depois do chá digestivo e de mais alguma conversa, os amigos se despedem e Jonas retorna à empresa cheio de indagações e dúvidas. Reflete sobre a conversa e pensa em Anita e em sua bem-sucedida rede de restaurantes. Precisa fazer mudanças na Dédalo, experimentar algo novo. A Dédalo está andando em círculo; está doente. Disso ele não tem a menor dúvida.

Retira da gaveta o esboço que havia redigido e acrescenta uma nova visão:

MERCADO	REAÇÃO/AÇÃO	ARTIFÍCIOS E RECURSOS	PLANOS E PROJETOS	PERFIL DE PROFISSIONAL
Arena de guerra	Lutar ou fugir	Armas e munição	Operação Ataque	Guerreiro
Mina de recursos esgotáveis	Disputar e competir	Manhas e artimanhas	Operação Combate	Jogador

A *arena de guerra* dá lugar à *mina de recursos esgotáveis*. Mas a escassez continua presente, conforme observou Marta. "Esse quadro ainda não está completo", pensa Jonas. "Deve existir um mundo melhor longe das armas, munições, manhas e artimanhas."

Faz tempo que ele não sente o sabor, por menor que seja, do entusiasmo.

OÁSIS NO DESERTO

3

BÚSSOLA E SONHO

Deus nos dá as nozes,
mas não as quebra.
SAINT-EXUPÉRY

Há tempos Jonas não tem uma boa noite de sono, mas hoje dormiu um pouco além da conta. Observa sua casa com vagar. Não tem prestado atenção nos detalhes. Está uma bagunça. A faxineira não aparece há duas semanas. O caos impera na sala e na cozinha. Jonas prefere tomar o café em algum lugar pelo caminho e aproveitar para ler o jornal. Coloca água nos vasos de violetas. Lá fora, barulho de crianças brincando. "Deve ser o *Estraga-prazeres*", pensa, abrindo a janela para confirmar. "Começaram cedo hoje."

Avista os meninos no terreno baldio. Lá estão eles, desbravando a mata abandonada, entre capins e folhagens, grudando-se nos carrapichos e subindo nas goiabeiras. Olham, observam, encantam-se: nada é maior do que a curiosidade. Lá está o mesmo menino da bola, o *Estraga-prazeres*, agora envolvido no desafio de construir estilingues. Ao que tudo indica, estão procurando, entre os galhos das árvores, as melhores forquilhas, pois esse é o segredo do bom estilingue. Garantia de tiro certeiro. A curiosidade humana é capaz de deduzir as leis da física sem tê-las estudado. "Afinal", pensa Jonas, "toda a evolução da humanidade, as grandes conquistas, as grandes invenções, são decorrentes da curiosidade".

Um bando de meninos compenetrados na construção de estilingues resistentes e certeiros. Bons tempos, lembra, em que a vida era divertida. Tudo era descoberta e aprendizado. Descoberta? Num estalo, lembra-se de uma das últimas conversas com Marta. Ela falara sobre descobrir, desbravar... Qual era mesmo a outra palavra que havia usado? Desvendar... É isso mesmo, é o que os meninos estão fazendo na mata, desvendando seus mistérios. E a curiosidade é a mola propulsora.

O mercado parece, às vezes, um deserto sem pistas. Mas deve haver, em algum lugar, um oásis acolhedor e promissor. Para encontrar esse recanto de oportunidade, é necessário desbravar, descobrir caminhos, desvendar mistérios. E, para isso, é preciso uma bússola e um sonho, lembra Jonas, recapitulando a conversa com a amiga. Se o sonho dá a direção, a bússola dá a orientação.

Meninos destemidos estes! Onde colocaram o medo? Talvez esteja por lá, mas a curiosidade é mais forte. A curiosidade precisa tomar o lugar do medo. Mas antes é necessário admitir, pelo menos com os próprios botões, que só em pensar no destino fatal que a Dédalo pode ter, um frio lhe sobe pela espinha.

Pasta, paletó, celular, chave do carro, maço de cigarros... Lá vai Jonas para mais um dia de trabalho. Desta vez, menos desanimado.

OPERAÇÃO CURIOSIDADE

– Mesmo concedendo descontos, atingimos nossas metas do mês – Adolfo inicia a reunião no formato tradicional, com os números projetados no telão. – Isso significa que o aumento no volume compensou a queda das margens provocada pelos descontos e, ainda assim, nossos lucros cresceram 15% em relação ao mês anterior. Nosso caixa...

– Espere... – Jonas o interrompe. – Vamos fazer uma reunião diferente. Esqueça, por enquanto, os números e as estatísticas. Vamos falar sobre o mercado e os clientes.

– Como assim? – pergunta Clóvis, visivelmente animado com a proposta.

– Como está o nosso mercado? Quais são as tendências futuras? Quem são os nossos clientes? O que eles buscam?

Adolfo parece contrariado com a interrupção. Escobar toma a palavra:

– Estamos ainda aprendendo sobre os concorrentes. Precisamos de mais informações sobre os pontos fortes e fracos de cada adversário, bem como sobre nossas ameaças e oportunidades. Precisamos conhecer nossa *operating strategy*. É isso que nos fará desenvolver outras vantagens competitivas, e é isso que devemos fazer.

– E temos tudo o que é preciso saber sobre os clientes – intervém Adolfo. – Fico feliz em saber que finalmente poderemos colher os frutos do investimento que fizemos no ano passado no novo sistema. Podemos ter todas as informações de que necessitamos: faturamento mensal, anual, média dos 2 últimos anos, por produto e linha de produtos, frequência de compras, regularidade, margem de contribuição e de cobertura etc. Se atualizarmos e alimentarmos o sistema diariamente com dados, teremos todas essas informações on-line.

– Isso é muito bom, Adolfo. Mas quem são esses clientes? – insiste Jonas, examinando suas anotações. – Quais são suas necessidades? Quem são as pessoas que compram? O que buscam?

Os demandantes são também compradores? São consumidores finais? O que sabemos sobre os sentimentos deles? O que nossa equipe sabe sobre isso?

– A equipe sabe que existem metas estabelecidas pela diretoria financeira que precisam ser atingidas. E só! – retruca Clóvis. – Infelizmente, nós nunca conversamos sobre essas coisas.

– Então sugiro uma Operação Curiosidade – anuncia Jonas. – Precisamos colocar a cara para fora. Estamos olhando muito para dentro. Vamos ao mercado! Vamos conhecer de perto nossos clientes. Vamos criar um relacionamento com eles que não seja apenas comercial.

A Operação Curiosidade não havia surgido do nada. O almoço no restaurante de Anita rendera alguns frutos. Outros encontros com Marta e Anita se sucederam e o assunto era um só: compreender as necessidades dos clientes. Jonas teve muita dificuldade em aceitar a abordagem de Anita, endossada por Marta. Sempre trabalhara de outra maneira, e a Dédalo prosperara sob outra cartilha. Constatava, no entanto, que o mercado não era mais o mesmo e reagia de um jeito diferente de outrora. Era preciso conquistá-lo de outra forma. A Operação Curiosidade surgiu em uma dessas conversas. A sugestão foi de Anita, o nome foi ideia de Marta.

Adolfo e Escobar trocavam olhares, espantados. Adolfo se perguntava sobre o que estava acontecendo com Jonas. Afinal, a empresa sempre fora um espelho das crenças dele. O que mudara tão de repente?

– Vamos mudar a direção dos nossos interesses. Estamos muito preocupados com nossas metas, com nossas reservas, com nosso caixa, com nossa sobrevivência. Vamos experimentar olhar para fora e ver no que dá. Não custa tentar.

– Custa, sim. Custa tempo e dinheiro, Jonas. No fim do mês, todos terão bons motivos para não ter atingido suas metas. – Adolfo mostra o plano impresso. – Nós sabemos muito bem o que precisa ser feito. E temos de fazê-lo. Se os atuais funcionários não dão conta, então arranjaremos outros. Mas não vamos complicar.

Adolfo é contundente. Sua opinião soa como ordem. Escobar demonstra apoio. Clóvis silencia. Jonas insiste. Havia prometido a Marta e Anita que não recuaria e que envolveria mais pessoas na operação.

– Podemos começar pela equipe comercial. Chamamos todos para falar da Operação Curiosidade. Vamos deixar claro que o objetivo é conhecer nossos clientes e se aproximar mais deles. Sei que todos estão entupidos de trabalho, mas podemos tentar. O que acha, Adolfo?

– Acho que temos uma porção de problemas a resolver na produção e na expedição, os quais se repetem todos os meses. Poderíamos ter ultrapassado a meta do mês se não fossem os atrasos na expedição. Veja quanto ficou nos estoques. Não damos conta nem dos problemas internos e ainda vamos buscar mais lá fora.

– Posso reunir a equipe na quinta pela manhã – sugere Clóvis, empolgado, sem se dar conta dos comentários de Adolfo. – Vamos tentar.

– Jonas, você mesmo vive falando que o mercado é uma *arena de guerra* – lembra Adolfo, ainda contrariado.

– E uma *mina de recursos esgotáveis* – complementa Escobar, apelando para as metáforas criadas pelo patrão.

Jonas reflete e responde, satisfeito consigo mesmo:

– Que tal passar a vê-lo como um *oásis no deserto* a ser descoberto?

Os olhares cúmplices de Adolfo e Escobar se cruzam novamente, como que pactuando outro jogo.

TEATRO DAS HORAS

Não sei mais calcular a cor das horas.
As coisas me ampliaram para menos.
MANOEL DE BARROS

Marta prepara o jantar. São oito horas. Deixa a mesa arrumada e busca um livro para ler, enquanto aguarda Hilário, que deve chegar a qualquer momento. Os filhos brincam com *video games*.

Sempre que sai do trabalho, Hilário costuma "fazer duas horas de academia", como ele mesmo diz. Passa o tempo, são quase nove horas. Ela estranha; ele dificilmente se atrasa. Resolve servir o jantar aos filhos, já de pijamas. Levantam cedo para ir à escola e a essa hora estão mortos de sono.

Próximo das dez, Hilário chega cansado e de mau humor.

– Se eu soubesse que ser diretor era isso, teria continuado como estava. Não consegui fazer academia. Estou com o peso e a barriga comprometidos – dramatiza Hilário, apalpando o abdômen.

– E o que fez você deixar de ir à sua santa academia?

– Reunião extraordinária para tratar de assuntos extraordinários.

– E qual era esse assunto tão extraordinário que se alongou por tanto tempo?

– Horas extras e banco de horas.

– Mas esse é um assunto extraordinário?

– Os feriados de fim de ano estão próximos e tivemos de negociar as compensações de horários com a comissão de fábrica. Você sabe o que significa montar um calendário de fim de ano junto com a comissão de fábrica? Não, não sabe. Eles discutem cada minuto, cada segundo, você não imagina.

– Então vocês gastaram tempo para discutir o tempo que vocês têm receio de gastar inutilmente, é isso?

– Pior que isso, Marta. Não chegamos a nenhuma conclusão. Não houve acordo. A reunião continua amanhã. Lá vou eu perder novamente a minha academia.

Marta esquenta a comida.

– Estou vendo um lado bom nisso tudo. Ainda bem que, na sua empresa, esse assunto é discutido com os operários. Melhor do que naquelas onde tudo é decidido lá em cima e depois forçado goela abaixo de todos.

– O que seria maravilhoso – completa Hilário, fascinado com essa alternativa –, mas a última vez que agiram assim tiveram de suportar uma greve de três dias, com o apoio do sindicato.

Hilário tira os sapatos e tenta relaxar.

– Mais um teatro, Marta. Com esse já são três. O teatro do medo, o teatro do lixo e, agora, o teatro das horas.

– Do que você está falando? – pergunta Marta da cozinha.

– Desse faz de conta chamado horas extras. As pessoas empurram o trabalho com a barriga e depois se prolongam nas horas extras. Está provado, Marta, que ninguém trabalha nas horas extras. É um artifício para conquistar remuneração adicional.

– E por que vocês, líderes, aceitam esse embuste?

– Para evitar males maiores. Assim eles fazem de conta que trabalham e nós fazemos de conta que acreditamos.

Com o prato quente, Marta quase queima as mãos. Enquanto procura um pano para servir de suporte, retruca:

– O pior disso tudo é que o cliente não se beneficia em nada com essa discussão sem fim. Afinal, os clientes não compram o tempo das pessoas. Querem produtos com qualidade, no prazo combinado e a bom preço. E isso não tem nada a ver com carga horária. São moedas de pesos e valores diferentes – diz Marta, lembrando o ambiente de trabalho empreendedor criado por Anita.

A comida está na mesa. Inconformada com o teatro das horas, Marta conta a Hilário os encontros com Jonas e Anita.

– Operação Curiosidade na Dédalo? Vocês estão querendo fazer tartaruga subir em árvore. Isso não faz parte da cultura do Jonas. Vocês estão perdendo tempo. O máximo que vão conseguir é deixar o Jonas ainda mais confuso.

– Hilário, como você pode ser tão cético? – incomodada, Marta se levanta para buscar guardanapos. – Bem que você podia acreditar em alguma coisa.

Hilário ignora a irritação de Marta e liga a televisão. Quer saber as últimas do dia. Afinal, para Hilário, a vida é como é.

A DESCOBERTA DO CLIENTE

Jonas não participa de uma reunião da equipe comercial desde a época do antecessor de Clóvis. Os ânimos estão exaltados. Todos querem discutir questões individuais: remuneração, comissões atrasadas, propostas de crédito não aprovadas, atrasos nas entregas, clientes desatendidos etc. A coisa se desenrola atabalhoadamente. O pessoal deixa a sala sem uma opinião unânime sobre a Operação Curiosidade.

Os comentários, implícitos ou tácitos, oscilam entre o cinismo e o sarcasmo:

– A Dédalo nunca se interessou por seus clientes. Por que isso agora?

– Já sei! É uma nova tática da diretoria para aumentar o faturamento.

– Por que não dizem logo que temos de colocar o estoque para fora?

– O que eles não inventam para que a gente trabalhe mais!

Nem todos aderem, mas alguns resolvem apostar na proposta da Operação Curiosidade. Organizam-se para visitar clientes sem o intuito principal de vender, mas de aprender. O objetivo é compreender o cliente em suas necessidades declaradas e captar necessidades não declaradas.

Quinze dias depois, a equipe comercial volta a se reunir. Trocam entre si percepções e sentimentos. Clóvis faz um resumo das principais conclusões da Operação Curiosidade. Lê em voz alta:

– O cliente gosta dessa demonstração de interesse. Gosta de saber que estamos pensando nele, mesmo quando não é atendido em alguma demanda. Gosta de ser lembrado pelo nome e de ser reconhecido como uma pessoa física, e não jurídica.

Concordância geral.

– O cliente busca confiança mútua. Nada de carta na manga, de blefe, de preços inflados para descontos posteriores, nem de ameaças. O cliente quer acreditar, mas, para isso, necessita de transparência na relação.

Alguns olham de soslaio para Adolfo e Escobar, adeptos da carta na manga.

– O cliente quer que a gente facilite a vida dele. Não quer confusão, nem desordem, deseja orientação e apoio à decisão. O cliente não gosta de complicações.

– A turma da retaguarda deveria estar aqui para escutar isso – diz um dos participantes.

Jonas sorri, meio sem graça. Adolfo pigarreia, disfarçando o mal-estar.

Clóvis retoma:

– O cliente quer simplicidade, velocidade e funcionalidade. Não é só do custo financeiro que o cliente se ressente, mas também do custo psicológico do aborrecimento da espera e da falta de informações.

Todos ouvem, na esperança de combater a burocracia interna defendida por Adolfo e apoiada por Jonas.

– O cliente não quer ser controlado, quer estar no controle. Tudo o que devemos fazer é colocar o cliente no banco do motorista.

Jonas ouve com desconfiança. Sempre quis estar no controle de tudo. Mas não quer minar o entusiasmo do pessoal, que, depois de longo tempo, encontra-se em alta.

– O cliente não quer só uma relação comercial e mercantil. Quer lidar de igual para igual, numa relação aberta, antes de tudo.

Nesse momento, a adesão não é total. Alguns argumentam que muitos clientes gostam da impessoalidade e de manter certa distância. Outros preferem fazer contato apenas por meio da internet. O assunto gera polêmica. Clóvis resolve aderir à maioria.

– O cliente quer ser conhecido e reconhecido. Quer ser lembrado não apenas como uma ficha cadastral ou como um item do banco de dados. Quer ser ouvido com interesse e empatia e deseja que seus sentimentos sejam levados em consideração.

Todos assentem com a cabeça, como se esse também fosse o drama de cada um, quando estão do outro lado, no papel de clientes e consumidores.

– O cliente gosta de ser surpreendido, de se encantar. A repetição esfria a relação. O cliente anseia por surpresas agradáveis.

Nesse momento, Jonas pensa em quanto a sua empresa é fria nesse aspecto. Mas como pensar no cliente quando tudo o que se vê pela frente é o placar do jogo?

– O cliente quer se sentir recompensado. Quer ter vantagens na relação custo/benefício. O preço é importante, porém mais importante ainda é o valor percebido pelo cliente.

Irritação na sala. Essa é outra questão sem consenso. Para muitos, o preço continua sendo primordial numa relação comercial.

– O cliente não quer ser abandonado. Após a venda, quer atenção e informação. Mesmo depois que a mercadoria foi entregue, gosta de atenção e informação. O cliente não quer ser controlado, mas monitorado. Gosta de saber que tem alguém por perto cuidando dele.

Essas não são meras conclusões. Jonas se convence de que as coisas têm de mudar muito na Dédalo. É um novo conjunto de crenças que se opõe ao jeito tradicional de a empresa operar. Uma revolução nos conceitos, na forma de trabalhar, nos procedimentos internos. Clóvis retoma, interrompendo os pensamentos de Jonas.

– As necessidades dos clientes mudam ao longo do tempo. É preciso consultá-los sempre.

Um dos participantes se levanta e acrescenta:

– O filósofo Bernard Shaw dizia o seguinte: "O homem mais inteligente que conheço é meu alfaiate; toda vez que o procuro, ele me tira novas medidas, enquanto os outros me mediram uma vez por todas".

Todos riem, menos Adolfo. Não gosta nada do que ouve. Clóvis elogia o bom trabalho da equipe comercial e o aprendizado dali decorrente. Parece haver um oásis no meio daquele deserto infindo. Agenda nova reunião para definir as ações junto da equipe. Os semblantes descontraídos demonstram o novo ânimo que se estabeleceu na Dédalo após a Operação Curiosidade.

Tão logo a sala se esvazia, Adolfo desabafa:

– Vocês estão ficando loucos. Se forem atender cada cliente de acordo com sua necessidade, isso aqui vai virar uma pastelaria. Vamos perder produtividade e o lucro vai para o buraco.

– Adolfo, você viu o entusiasmo deles – argumenta Clóvis, animado. – Desde que estou na direção da Dédalo, nunca vi tanta empolgação. Isso não conta?

– Conta, sim. Espere por novas reivindicações. Logo estarão reclamando de que estão trabalhando mais e que são pagos para vender, não para atuar como repórteres. Aguarde! Em breve, o sindicato baterá à nossa porta.

Jonas ouvia tudo, confuso. Sempre concordara com Adolfo, pois vê muito sentido em sua argumentação. Mas percebia que algo estava errado com a empresa. Há um fator inquestionável: a Dédalo estava de costas para seus clientes. Isso é inegável. E podia custar caro e ser fatal para o futuro do negócio.

Outro fator inquestionável, o clima da reunião foi muito diferente do que havia na primeira. Existe uma energia boa e contagiante no ambiente, uma magia que ele ainda não entende bem, mas conseguia captar.

Ademais, as pesquisas proporcionaram um grande aprendizado, uma verdadeira "educação para o negócio". Era a descoberta do cliente, mas também de talentos internos até então adormecidos, a começar por Clóvis, animado com a Operação Curiosidade.

Enquanto Adolfo se alonga em argumentos, respaldando-os com os fracassos de experiências anteriores, Clóvis oscilava em suas convicções e aguardava as reações de Jonas.

Escobar ouvia tudo e apenas observava, sem dizer uma palavra. Precisava agir rápido.

FÉ ABALADA

Pelo "bom-dia" na chegada, Rose percebe que o astral de Jonas está diferente. Entrega os relatórios solicitados no dia anterior. Já é possível avaliar o primeiro trimestre da Operação Curiosidade. Os números comprovam que a atenção e o interesse pelo cliente produzem bons resultados.

"Agora quero ver os argumentos do Adolfo. Está aí: os números não mentem. Estão dando sinais de recuperação. Alguns clientes, que já não compravam mais da Dédalo, voltaram a comprar. Tudo é ainda muito recente, mas parece que estamos retornando aos velhos tempos", pensa Jonas, examinando os relatórios sobre sua mesa de trabalho. "Começo a gostar do Clóvis. Conduz muito bem sua equipe e lida bem com as resistências. Graças a ele, os ânimos estão menos exaltados."

Adolfo entra na sala de Jonas, que logo trata de encorajá-lo:

– Olá, Adolfo. Você viu a repercussão do nosso trabalho junto dos clientes?

– O que houve foi um aquecimento no mercado – responde Adolfo, lacônico.

– O que você quer dizer com isso?

– Está nos jornais: o Banco Central reduziu a taxa de juros. Com isso, há mais dinheiro circulando e a demanda está aquecida, o que significa maior consumo. E a Dédalo pegou carona nessa onda passageira.

Jonas sempre respeitou os conhecimentos de economia e finanças de Adolfo, mas desta vez acha que ele está exagerando.

– Adolfo, você quer dizer que o trabalho que fizemos com a área comercial de nada valeu?

– Quase nada. Os concorrentes também se beneficiaram desse aquecimento e, provavelmente, sem precisar do *city tour* que fizemos. Aliás, ainda estou somando as despesas com viagens, estadia, locomoção e alimentação para ver quanto tudo isso custou. Grande parte dessas despesas não está contabilizada nesse relatório em suas mãos.

– Talvez você esteja certo. Implementamos muito pouco ainda. O que fizemos, na verdade, foi parar para ouvir os clientes e compartilhar entre nós aquilo que ouvimos. Nada mais.

Jonas volta a analisar o relatório:

– É que fico satisfeito ao ver que clientes que não compravam há muitos meses retomaram suas compras.

Assinala com marca-texto algumas informações relevantes e continua sua análise.

– Não acredito que se trate apenas de aquecimento da economia.

– O mercado está favorável, mas não por muito tempo.

Adolfo insiste:

– Na verdade, o governo está permitindo um respiro para que as empresas possam enfrentar o fim do ano. Lembre-se de que estamos em ano eleitoral.

– Seus argumentos são válidos, Adolfo, mas percebo que ainda temos muitas coisas para fazer. Estamos enxergando apenas a ponta do *iceberg* das oportunidades. Veja só! Sabíamos muito pouco sobre nossos clientes; de alguns, quase nada. Estávamos cegos e alienados.

O olhar de Adolfo denuncia sua contrariedade.

– Jonas, não se entusiasme. Se houver um aperto monetário por parte do governo, toda essa movimentação vai por água abaixo. Do seu *oásis no deserto*, só vai restar a areia. Além do mais, o que está contribuindo para a melhora dos resultados são as vendas especiais do Escobar.

Adolfo sai da sala. Poucos minutos depois, Rose anuncia que Clóvis está na recepção. Jonas pede que entre. Ele chega, entusiasmado.

– As vendas estão aquecidas e a equipe, empolgada. O que você acha disso tudo?

– Tenho receio de que seja circunstancial – lamenta Jonas, influenciado por Adolfo.

– Circunstancial se pararmos por aqui. Precisamos dar continuidade aos encontros, buscar mais informações com os clientes, compartilhar em equipe, decidir com base nessas informações e, sobretudo, agir. Se deixarmos como está, aí, sim, será circunstancial.

Clóvis trata dos assuntos do dia e sai da sala. Jonas aproveita para avaliar seu quadro-síntese e o atualiza com um novo jeito de ver o mercado.

MERCADO	REAÇÃO/AÇÃO	ARTIFÍCIOS E RECURSOS	PLANOS E PROJETOS	PERFIL DE PROFISSIONAL
Arena de guerra	Lutar ou fugir	Armas e munição	Operação Ataque	Guerreiro
Mina de recursos esgotáveis	Disputar e competir	Manhas e artimanhas	Operação Combate	Jogador
Oásis no deserto	Descobrir e desbravar	Bússola e sonho	Operação Curiosidade	Curioso

Percebe que existe um novo caminho, mas sente sua fé abalada. Está confuso. Precisa conversar com Marta.

PONTO DE ENCONTRO

FOCO E COMPETÊNCIA

Jonas sugere o restaurante de Anita como lugar de encontro e Marta aceita prontamente. Os dois chegam juntos, Anita está na recepção.

– Bem-vindos! Que bom revê-los.

– Seu restaurante restaura também a minha alma – revela Jonas, fascinado com o ambiente, sempre alegre, bonito e movimentado.

– Fico feliz em saber. Alma restaurada faz parte do meu negócio.

– Mas seu negócio não é restaurar estômagos? – ele brinca.

Anita sorri e responde ao novo amigo:

– Não estou preocupada em servir comida. Para isso, existem centenas de alternativas na cidade. As churrascarias, por exemplo, fazem isso muito bem. Estou empenhada na saúde plena, quero que meus clientes saiam restaurados no corpo, na mente e na alma. Como você pode ver, o estômago é secundário.

Enquanto conversam, Anita os conduz até uma mesa, na qual um gentil atendente os espera, chamando-os pelo nome. "Como pode ter guardado meu nome em meio ao de tantos clientes?", pergunta-se Jonas, encantado. Ao ver Anita caminhar entre as mesas, repara como é conhecida e tratada com carinho. Parecem ser clientes de muitos anos. Anita convive com eles. "Deve ser seu processo de pesquisa de mercado", pensa Jonas, acomodando-se à mesa, ao lado de Marta.

Marta sorri, satisfeita. Percebe que o modelo de negócio de Anita obriga Jonas a rever seus conceitos, arraigados há tantos anos.

– Marta, parece que ela conhece cada um dos clientes.

– Anita e sua equipe, de fato, os conhecem.

– Mas como pode?

– Acontece que não foram eles que escolheram os restaurantes de Anita. Ela e sua equipe é que os escolheram como clientes.

Jonas não entende o conceito e Marta tenta explicá-lo:

– Há quem vá a um restaurante para matar a fome. Outros precisam sentir aquele peso a preencher o estômago. Esses não são os clientes de Anita. Ela quer cuidar de pessoas que zelam pela vida e querem viver bem. Quem busca saúde e qualidade de vida, por meio da alimentação, encontra exatamente isso aqui, e não troca os restaurantes de Anita por nenhum outro. Ninguém sabe fazer isso melhor do que ela, que pesquisa e estuda, sabe o que faz e é perita no assunto.

Anita se aproxima e senta-se ao lado deles.

– Adoro meus clientes – acena para um casal na recepção.

– Na minha empresa é diferente, Anita. É impossível conhecer cada um dos nossos clientes – afirma Jonas, cético.

– Talvez isso ocorra por dois motivos. O primeiro é uma doença muito comum nas empresas. Elas sofrem de "quaisquerismo".

– "Quaisquerismo"?! O que é isso?

– Quer dizer que qualquer caminho é caminho, qualquer destino é destino. As empresas que sofrem de "quaisquerismo" não sabem o que vendem, e seus clientes não sabem o que compram. Todo mundo é cliente, todo mercado é mercado.

– Ora, e não é isso mesmo? – questiona Jonas, meio indignado. – Qualquer cliente é cliente, ou você acha que, diante dessa crise, minha empresa vai se dar ao luxo de rejeitar vendas?

– Jonas, lembra-se da nossa última conversa? – intervém Marta.

– Lembro, foi muito útil. Você tinha razão, a Dédalo estava de costas para o cliente. Foi bom colocar o cliente na agenda do dia. As coisas melhoraram muito de lá para cá.

– Vocês passaram a se interessar pelo cliente. Isso é muito bom. O desafio agora é dar mostras de interesse e atenção a todos e torná-los fiéis – reforça Marta.

– É aí que eu acho difícil. Temos uma carteira grande...

– Jonas, cliente não é carteira, não é *mailing*, não é banco de dados... Cliente é gente! – Anita fala com convicção. – Empresas não compram, pessoas compram. Pessoas como você e eu, com problemas para resolver, com necessidades materiais e demandas afetivas. Portanto, só existe um jeito de atendê-las bem: estar próximo delas e captar seus desejos e anseios mais íntimos. Caso contrário, sua empresa será vela em vez de bússola. Será arrastada pelos ventos e estará à mercê de tempestades ou crises.

– Isso significa que vou precisar reduzir meu número de clientes...

– Isso significa que sua empresa terá de atuar com foco, o que implica escolher os clientes com os quais pretende trabalhar. Só assim vocês serão capazes de tratar todos com o interesse e a atenção que eles merecem.

– Sinto que a empresa terá seu faturamento reduzido – lamenta Jonas, inseguro.

Marta recorre a uma metáfora:

– Compare o Sol, uma poderosa fonte de energia, com o laser, fraca, porém concentrada fonte de energia. Com um bom chapéu e protetor solar, é possível ficar horas exposto ao sol, mas é impossível ficar sob os efeitos de um raio laser, capaz de furar diamantes e exterminar um câncer. É a concentração compactada de luz que lhe dá esse poder.

– Ainda assim fico com um sentimento de perda – confessa Jonas.

– É o contrário – reafirma Marta. – Sabe por que na Dédalo as pessoas fazem tanta força para conseguir os resultados? Porque não existe foco. O resultado decorre do foco, e não da força. É preciso algo ou alguém para canalizar a energia, a atenção, o tempo e o talento das pessoas.

Anita, que está atenta à conversa, acrescenta:

– Ao se concentrar nas necessidades dos clientes, a possibilidade de torná-los fiéis aumenta muito. Foco é um conjunto de clientes que se assemelha nas necessidades e nos desejos. Compreendidas essas necessidades e esses desejos, torna-se mais fácil criar diferenciais e reconhecer as competências que precisam ser desenvolvidas na equipe. É isso que faz uma empresa ser única, sem rivais.

Jonas torce o nariz. Os pratos chegam à mesa. Enquanto espera Marta se servir da salada, ele explica a estratégia da Dédalo. Tudo parece muito estranho e contrário ao que havia aprendido. Afinal, sempre apoiou os propósitos estabelecidos por Adolfo, ou seja, otimizar ao máximo o uso dos ativos da empresa. O raciocínio de Adolfo é claro: uma empresa possui um conjunto de ativos (máquinas, equipamentos, instalações). A ele agregam-se os insumos (matérias-primas, mão de obra e outras despesas de fabricação). Com isso, é possível gerar um portfólio de produtos e serviços a escoar pelos canais de distribuição, com a intenção de chegar ao cliente. Espera-se, no fim desse processo, o ressarcimento dos custos e um rendimento adicional que remunere os ativos. Adolfo vive cobrando de todos a maximização da taxa de retorno. Jonas rabisca uma ilustração no guardanapo.

– O problema, Jonas, é que o cliente está no fim da linha – comenta Anita, examinando o desenho. – Pensando dessa maneira, a tendência é espremer os custos e os preços para continuar empurrando ao cliente algo que não resolve o problema dele por completo.

Jonas engole em seco. Anita acertou na mosca. É exatamente o que está acontecendo na Dédalo.

É a vez de Jonas se servir. Anita aproveita para desenhar outra ilustração e explicar um novo fluxo de trabalho em que o cliente está no início de tudo. O cliente e suas necessidades. A partir daí, a empresa cria uma oferta condizente com as necessidades dele. Para criar essa oferta, são necessários insumos, ativos e competências. Parte a empresa pode suprir, outra parte ela tem condições de contratar ou terceirizar.

– É por isso que estamos implementando um projeto de revistas, livros e vídeos instrutivos sobre nutrição e saúde – exemplifica Anita. – O importante é especializar-se no cliente, e não nos produtos.

– Pense na empresa como um organismo que abriga um conjunto de competências disposto a resolver problemas e satisfazer necessidades – prossegue Anita. – O mercado é esse ponto de encontro. O desafio está em conectar, com estratégia e inteligência, as competências do negócio com as demandas do mercado. Para conectar--se com ele é preciso compreendê-lo e compreender-se, ou seja, reconhecer os recursos e potenciais internos capazes de prover as necessidades do mercado. Mas, para isso, é necessário ter um foco, um alvo, uma linha de mira. E, claro, competências, para que esse foco não seja apenas uma intenção. É o fim do "quaisquerismo".

– Faz sentido – admite Jonas, pensativo. – Você falou em dois motivos, lembra-se? Um é esse tal de "quaisquerismo". E o outro?

– Ah, sim, já ia me esquecendo. Antes, deixe-me contar a história do Adão, com quem aprendi muito. O Bar do Adão é muito conhecido na região da Avenida Paulista, menos pelos produtos, que são similares aos vendidos em outros bares, e mais pelo atendimento oferecido aos clientes. Diferentemente de outros donos de bares, restaurantes e botequins, Adão não fica preso no caixa ao lado da entrada da cozinha, supervisionando tudo e todos, preocupado em não ser lesado por funcionários e clientes. Ele circula o tempo todo pelas mesas, conversa com cada freguês sobre os mais variados assuntos, sabe a marca e a temperatura ideal de servir determinadas bebidas e conhece seus quitutes preferidos. O segredo do Adão é que ele prefere proporcionar uma experiência única e memorável a seus clientes em vez de ficar no caixa conferindo dinheiro e comandas.

Anita discorre sobre o assunto com a sabedoria de quem percorreu o mesmo caminho.

– Sua empresa tem mais pessoas na linha das receitas ou na linha das despesas? Não precisa responder. Se a Dédalo é uma empresa tradicional, provavelmente tem mais pessoas nos centros de custos do que nos centros de resultados. Acertei?

– Sem dúvida, poucas pessoas estão no mercado – responde Jonas, surpreso com a própria constatação.

– Está aí o segundo motivo. Se a empresa escolhe ser especializada em clientes, tem de preparar pessoas para lidar com os clientes escolhidos. Os funcionários precisam estar próximos dos resultados, e os resultados estão junto dos clientes. Uma empresa precisa de empreendedores, pessoas de negócios, e não de burocratas que passam o dia inteiro batucando teclados.

Jonas presta atenção na mulher elegante e calma à sua frente e, admirado, curte mais uma garfada da deliciosa refeição. Ao mesmo tempo que absorve os ensinamentos de Anita, pensa nos obstáculos que terá de enfrentar na velha Dédalo.

ENTRE O VELHO E O NOVO

Cada movimento está sendo
inibido à medida que ocorre.
HUMBERTO MATURANA

Quanto mais a Dédalo mostrava sua nova cara, mais Adolfo tentava manter viva a velha empresa. E fazia isso exercendo o comando ao extremo.

Ele fazia as projeções financeiras, determinava os preços, estimava os custos e gerava os orçamentos, que deviam ser seguidos à risca. Era rigoroso no controle financeiro. Todas as despesas que não estavam previstas tinham de passar por seu crivo, uma experiência nada confortável.

Reembolsos de relatórios de viagens eram verdadeiros martírios a que os membros da equipe comercial eram submetidos, inclusive Clóvis. Era comum a devolução de relatórios para que fossem refeitos, tanto pela rejeição de algum tipo de despesa, independentemente do valor, quanto por pequenas falhas no preenchimento.

Adolfo também determinou normas para a aprovação de créditos que causaram grandes transtornos na área comercial da empresa. Descontos ou condições comerciais extraordinárias dependiam sempre de sua aprovação.

Novos regulamentos e normas foram introduzidos por ele, a revista na saída da fábrica, os refeitórios diferenciados para mensalistas, horistas e gerentes e as compensações no banco de horas.

Adolfo redigia a nova norma que definia o acesso ao ambulatório, quando Escobar entra em sua sala, eufórico.

– Adolfo, trago boas novidades! *Business opportunity.*

– Que bom que alguém traz alguma boa novidade para se contrapor a essa panaceia que está sendo implantada na empresa.

– Anime-se! É o fim disso tudo. Jonas escolheu o caminho mais difícil. Existem alternativas mais inteligentes – afirma Escobar, com empolgação. – Essa conversa de operação isso, operação aquilo irá por água abaixo.

– Do jeito que você está falando parece que descobriu as minas do rei Salomão.

– É quase isso. É a maior oportunidade de toda a existência da Dédalo.

– Mas Jonas está muito envolvido nesse novo caminho.

– Por enquanto, Adolfo. Até que ele saiba da grande oportunidade que fará dele a maior e a mais importante liderança empresarial desse setor da economia em toda a América Latina. Um exemplo de *management* para todas as empresas do ramo.

Com os olhos brilhando, Adolfo vê o largo sorriso de vitória estampado no rosto de Escobar. É a chance de moldar a Dédalo a seu gosto.

AS LIÇÕES DO ARQUEIRO

Jonas vai mais cedo para casa na sexta-feira. Precisa pensar. A conversa com Marta e Anita foi ao mesmo tempo elucidativa e instigante. Será que esteve trabalhando errado todos esses anos? Afinal, a Dédalo é uma história de relativo sucesso, apenas não está em seus melhores dias. Ou não?

Depois de tantos anos, a empresa não possui uma boa equipe de trabalho, nem alguns pares de clientes fiéis. É certo que desenvolveu bons produtos e processos eficientes de produção, mas... E daí? Quem valoriza?

O cliente quer ver seus problemas resolvidos e só! Está pouco ligando para a maneira como a empresa consegue isso.

Ao estacionar o carro, Jonas avista o *Estraga-prazeres* brincando de arco e flecha com seus coleguinhas. Tentam atingir o alvo fixado em uma árvore. Alguns acertam ao redor do ponto central, outros perdem suas flechas no meio do mato.

Sem um alvo, as flechas seriam lançadas a esmo. Jonas se lembra imediatamente da conversa com Anita. O "quaisquerismo" é a ausência de alvo, mas, apenas o alvo não garante o jogo. É preciso a competência do arqueiro. É possível distinguir claramente os bons e os maus arqueiros no grupo do *Estraga-prazeres*. Não é apenas uma questão de competência, mas também de concentração.

Na empresa, o ponto de conexão do foco com as competências se dá a partir da compreensão das reais necessidades dos clientes. Então, é possível eleger os diferenciais que os clientes valorizam e pelos quais estão dispostos a pagar.

Jonas procura lápis e papel. Sintetiza sua compreensão em um desenho. Denomina de *ponto de conexão* a área de congruência entre as três circunferências. Quanto mais ampla a conexão, melhor o alinhamento entre o foco, os diferenciais e as competências.

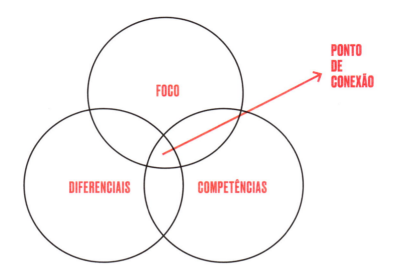

Jonas está animado com seu aprendizado. Não vê a hora de chegar à empresa na segunda-feira e ampliar a Operação Curiosidade para a Operação Conexão.

O propósito da Operação Curiosidade era demonstrar interesse pelo cliente. A Operação Conexão prevê conhecer com profundidade seus desejos, demandas e necessidades bem como identificar as competências do negócio. E buscar a melhor sinergia entre ambos. "É um olho no peixe e outro no gato", sorri.

Enquanto examina a ilustração, Jonas atende o telefone.

– Ei, amigo! Esqueceu de mim?

– Hilário, há quanto tempo! Estamos distantes, mas não afastados. A Marta tem dado notícias.

– Precisamos pôr a conversa em dia.

– Que tal amanhã?

– Tenho um compromisso marcado com um amigo apicultor. Você já visitou um apiário na sua vida?

– Nunca.

– Então, que tal? Venha também. Meu amigo Fred gostará de conhecê-lo. E depois teremos o restante do dia para falar das novidades.

– Combinado, Hilário.

A CIÊNCIA DA ABELHA

Os dias não se descartam nem se somam,
São abelhas que arderam de doçura ou enfureceram o aguilhão:
o certame continua.
Vão e vêm as viagens do mel à dor.
PABLO NERUDA

– Jonas, que barriguinha é essa?

– É, Hilário, ando um pouco relaxado.

– Também, você não pensa em outra coisa que não seja a Dédalo. Aposto que não faz um passeio como esse há muito tempo, estou certo?

– Está. E estou curioso para conhecer um apiário.

– Você vai gostar do meu amigo Fred.

É uma bela tarde de primavera. Jonas fica impressionado com a organização das abelhas. Aprende com Fred que elas são seres que vivem coletivamente, em grandes sociedades. Habitam o planeta há mais de 40 mil anos e vivem em perfeita harmonia. As abelhas prestam um serviço de excelência à natureza com a polinização, a fecundação das flores. Em troca, recebem os alimentos de que necessitam. Mas suas contribuições não param por aí. Seu portfólio de produtos é de fazer inveja: mel, própolis, geleia real etc.

– Puxa! Se as abelhas podem fazer isso tudo, imagine os seres humanos – comenta Jonas, inspirado.

O que deixa Jonas mais encantado é saber que as abelhas decidem coletivamente e em consenso.

– Fred, essa eu pago para ver – desafia Hilário. – Na empresa em que trabalho, conseguir o consenso é uma epopeia.

Fred explica que, quando as abelhas estão em busca de uma nova colmeia, a rainha e algumas operárias estudam a região. A partir daí, inicia-se o processo de decisão. De volta ao enxame, as abelhas comunicam as direções dos lugares visitados. Fazem isso por meio de danças, sua forma de expressão.

Os balés aéreos, sempre em forma de oito, indicam o melhor local, geralmente situado entre a fonte de alimentos e o sol. As outras abelhas apoiam as propostas aderindo ou não à dança. Aos poucos, mais e mais abelhas agregam-se a um dos balés apresentados, mostrando que ele agrada à maior parte da colônia. É um ritual de negociação. O novo endereço é decidido por consenso. As propostas minoritárias são gradualmente abandonadas e todos os insetos acabam voando da mesma maneira.

– Estou admirado! – comenta Jonas.

– As abelhas são mais avançadas do que os seres humanos – conclui Hilário.

As lições aprendidas no apiário não param por aí. As abelhas ensinam disciplina e cumprimento de dever.

– Hilário, as abelhas são um exemplo de trabalho!

– Não sei por que toda essa empolgação, Jonas. Diferentemente das nossas empresas, as abelhas não competem com outras colmeias.

– Aí é que está: uma colmeia é única, não disputa com nenhuma outra. É resultado do trabalho de uma equipe.

– Sim, e daí?

– Daí que é necessário buscar o alinhamento entre as necessidades dos clientes e as necessidades da equipe para obter os melhores resultados. Se os diferenciais são criados para satisfazer as necessidades dos clientes, algo precisa ser criado para satisfazer as necessidades dos funcionários. Somente assim eles ficarão estimulados a desenvolver as competências necessárias que criarão a empresa única, sem concorrentes – Jonas filosofa, satisfeito com seu raciocínio. – Isso complementa o modelo que eu estava desenvolvendo quando você me ligou.

– Xi! Já vi que a Marta está fazendo um tremendo estrago na sua cabeça.

Depois do chá com mel e broas de fubá servido aos dois amigos, Hilário e Jonas aproveitam o final de tarde para caminhar pelas trilhas floridas do apiário de Fred. Relembram os momentos memoráveis dos tempos de estudantes e os sonhos e anseios de encontrar um lugar ao sol. Hilário fala de sua experiência como executivo, Jonas relata seus percalços como empresário.

– Parece que você está mais animado – arrisca Hilário.

– Hilário, tenho altos e baixos. É como um embate entre a razão e a emoção. De um lado o Adolfo, meu braço direito, que puxa mais pela razão, apoiado agora também pelo Escobar. De outro lado, a Marta e a Anita, que mexem mais com a emoção. Fico dividido entre esses dois polos. Sempre acreditei nos ditames do Adolfo, mas as coisas não estavam mais funcionando há algum tempo.

– E você acha mesmo que a Marta e a Anita estão certas?

– Tenho aprendido muito com elas. É uma nova alternativa de atuação.

– Cuidado, Jonas. Marta vive uma utopia. Ela acredita mais na sua imaginação do que na realidade. É uma sonhadora...

– Mas Anita tem uma experiência concreta bem-sucedida.

– Modismo, Jonas. Novos concorrentes farão Anita perceber que o mercado é feito de "toma lá, dá cá". Os clientes que tanto a admiram migrarão para os concorrentes sem dó nem piedade.

– Ui! – exclama Jonas. – Acho que uma abelha deixou seu ferrão no meu tornozelo.

O dia e os ânimos vivem mais um entardecer.

TEATRO DA ALIENAÇÃO

– Fizemos um passeio maravilhoso no apiário de Fred. Jonas parece ter aprendido muitas coisas sobre trabalho em equipe – comenta Hilário.

– Ele está mudando o jeito de pensar. Está abrindo a cabeça – explica Marta enquanto põe a mesa.

– Marta, você não acha que está interferindo demais na empresa do Jonas? Por que não faz como as outras mulheres? Assim você teria outros assuntos para comentar, como o desfecho da novela das nove, o casamento da atriz-modelo mais badalada ou o teste de DNA do nosso galã mais popular. Em vez disso, você insiste em se meter na empresa da Anita e agora também na Dédalo.

– Com isso me sinto útil e acho que estou ajudando Jonas a ver os negócios de forma diferente.

– Bem... Sei apenas que Jonas ficou muito empolgado com a vida das abelhas. O que aquilo tem a ver com a Dédalo, só ele sabe.

Enquanto Marta serve Hilário e a si mesma, argumenta:

– É como se Jonas estivesse despertando de um sono profundo. Ele está vivendo uma transformação, mas ainda está no começo.

– Você parece muito convicta de que Jonas está no caminho certo. Marta, você não é a dona da verdade.

– Hilário, a transformação é como um transplante dos olhos – continua Marta, ignorando o comentário do marido. – Algumas vezes, o mundo parece escuro, sem luz, mergulhado em trevas. Outras vezes, ele se torna colorido como um arco-íris ou uma flor que se abre.

– Marta, agora você deu pra ler poesias também? Sei lá do que você está falando. Isso é que é papo cabeça.

– Hilário, o mundo não muda. Mudam os olhos com que nós o vemos – filosofa Marta, como se estivesse pensando em voz alta. – Cada um cria o mundo em que quer viver.

– O que Jonas precisa é consertar os estragos que foram feitos nesses últimos anos na Dédalo e retornar aos velhos tempos – conclui Hilário, demonstrando impaciência com a conversa.

– Não é a Dédalo que precisa de conserto, é o Jonas... Ele está amedrontado, e esse medo produz uma realidade que não existe – Marta provoca. – E você, qual é o mundo em que escolheu viver?

– Para começar, o mundo está aí como é. Eu não o criei e também não tenho culpa de suas mazelas. Marta, o mundo não é o conto de fadas em que você acredita e o mercado não tem a benevolência que você imagina. É assim que as coisas são.

– O mundo que você vê é o mundo que você é.

Hilário emudece. Não sabe se é um elogio ou uma ofensa. Prefere deixar para lá. A TV anuncia o início do clássico que será transmitido ao vivo, direto do Maracanã. Hilário se esparrama na poltrona. Afinal, passou o dia inteiro esperando por esse momento.

"Alienação também é teatro, assim como o do medo, do lixo, das horas. Todos são aliados da sobrevivência e sabotadores da prosperidade", pensa Marta. Hilário está estatelado em sua poltrona predileta, olhos fixos na TV. Marta resmunga, lembrando um velho adágio:

– Santo de casa não faz milagres.

BENEFÍCIOS SEM SACRIFÍCIOS

Hilário sempre quis ser um *bon vivant*. Não acredita que deve alguma coisa ao mundo. Ao contrário, vive para usufruir e deleitar-se. Já era assim nos tempos de universidade, quando Marta o conheceu. Sempre com o carro do ano, roupas de grife, cortejado por várias garotas e namorador contumaz. Ele era mais presente nos intervalos do que durante as aulas.

Filho de empresário bem-sucedido, Hilário teve uma infância abastada. Nada nunca lhe faltou. Conheceu diversos países. Gostava de passar as férias em Miami e fazer passeios na Disney.

De família ultraconservadora, que cultiva rigorosos valores tradicionais, hoje tenta levar uma vida mais leve e solta. Foi por esse motivo que se recusou a trabalhar na empresa do pai, homem rude e autoritário, e preferiu fazer carreira em outra organização, recomendado pelo tio.

O pai ficou aborrecido com essa decisão, pois via nele seu herdeiro. Houve um afastamento da família, com uma discreta retaliação por parte do pai, mas também um tipo de libertação daqueles padrões rígidos, que nem sempre eram do seu agrado. Afinal, ele não suportava as conversas sobre negócios, lucros e dividendos que invariavelmente invadiam os raros encontros familiares.

Hilário teve de preparar sua carreira. Formou-se aos trancos e barrancos, apoiado pelos amigos da época, Marta e Jonas. Considerava os estudos apenas uma alavanca para conseguir o diploma, e este outra alavanca para preencher as caixinhas superiores dos organogramas. Via o trabalho como fonte de financiamento para o que acontece quando não se está trabalhando: a vida de verdade. E a vida de verdade, para ele, resume-se a viagens, carros e festas. Aliás, a única coisa que curte no ambiente de trabalho é divertir-se com o humor ácido das tiras de Dilbert, que satirizam o universo corporativo.

Seus relacionamentos no trabalho são fúteis e quase sempre voltados a favorecer suas ambições de carreira. Por isso se relaciona forçosamente com seu superior, diante de quem pratica "o desejo de agradar" e "o medo de desagradar". Tem a palavra que agrada ao chefe na hora certa e a omissão que evita desagradá-lo, também na hora certa. Com isso não corre riscos e conquista promoções.

Como bom conquistador, Hilário fisgou o coração de Marta. Coisas da juventude. Hoje, mais madura, Marta não gosta de acompanhá-lo nos jantares e festas da empresa. Nessas ocasiões, aproveitando a ausência da esposa, ele não perde a oportunidade de lançar olhadelas furtivas às moças presentes.

No fundo, Hilário aprecia mesmo os benefícios, mas detesta os sacrifícios.

OPERAÇÃO CONEXÃO

*Desse modo, a tarefa não consiste tanto em ver
o que ninguém até hoje viu,
mas em pensar o que ninguém até agora pensou
sobre aquilo que todos veem.*
ARTHUR SCHOPENHAUER

"Será que Hilário tem razão? Será que não estou embarcando em uma tremenda utopia? Não há mais tempo para errar", pensa Jonas. Por outro lado, relembra a última conversa com Marta e Anita. Os diferenciais são escolhidos tomando como base as necessidades dos clientes. As competências são desenvolvidas pelos funcionários, principalmente quando existe motivação e comprometimento.

"Hilário pode estar com a razão, mas o fato é que os dias passam e os resultados estão ascendentes, tanto na área sob o comando de Clóvis, como nas operações comerciais da área de vendas especiais de Escobar", reflete Jonas.

Depois do aprendizado com as abelhas, Jonas tem praticado o consenso em todas as oportunidades. Sempre que pode, convida outros líderes para participar do processo decisório, a contragosto de Adolfo, que insiste em que algumas decisões são exclusivas da alta cúpula e não devem ser compartilhadas com outras pessoas. Com muita dificuldade, Jonas conseguiu abrir os números da empresa para as outras lideranças. Não foi uma conquista fácil. Adolfo até agora não engole o novo procedimento.

A Dédalo vive uma ambiguidade: de um lado, a descontração no processo decisório, principalmente entre as lideranças; de outro, o excesso de normas e diretrizes expedidas quase todos os dias por Adolfo.

Apesar dos muitos desacertos, o clima na Dédalo tem melhorado a cada dia. Reina uma nova energia. A preocupação com as necessidades dos colaboradores fez com que eles também se interessassem mais pelas necessidades da própria empresa.

Jonas continua decidido a encontrar um propósito para a Dédalo. É como se procurasse um propósito para a própria vida.

– Para que existimos? – pergunta Jonas a uma pequena plateia de líderes da Dédalo.

– Para fazer *cash flow* e maximizar o *ROI*[1]– responde prontamente Escobar.

– Talvez essa seja a nossa recompensa por fazer algo maior – retruca Jonas. – É a esse algo maior que estou me referindo.

– Para sobreviver – responde o chefe da expedição.

– Sobreviver, apenas, me parece pouco. Gostaria que a Dédalo fosse uma empresa única. Sobreviver é o que a maioria faz.

– Vejo a Dédalo como líder absoluta do mercado – responde Escobar, agora sem ironia.

– Líder em quê? Para quem? – questiona Jonas.

Espanto na sala! Será que esse é o Jonas que todos conhecem? Adolfo escuta, desconfiado. Jonas retoma:

– Não há nada de errado em ser o líder, mas líder em quê? Líder para quem? É preciso ter um foco. E esse foco pode ser um conjunto de clientes, a resolução de seus problemas.

– De preferência, para os clientes que pagam as contas – acrescenta Adolfo.

Clóvis, ainda com a pergunta-chave "para que existimos" na cabeça, resolve argumentar:

– Existimos para gerar riquezas!

– Muito bem, Clóvis, para gerar lucros, é isso mesmo – concorda Adolfo, agora mais empolgado e surpreso com a fala de Clóvis.

– Eu me refiro a riquezas de todos os tipos: materiais, psicológicas, emocionais...

– Espirituais também – acrescenta, timidamente, a encarregada do setor de embalagens.

---

1   *Return of investment* (retorno do investimento).

Agora a conversa parece estar indo longe demais, e Jonas intervém:

– Gosto muito de ver a Dédalo como uma comunidade geradora de riquezas, da forma como o Clóvis disse.

Adolfo interrompe:

– Pessoal, acho que estamos vivendo uma crise precoce de prosperidade. É verdade que nossos resultados estão crescendo e mudamos o curso da curva descendente em que estávamos. Parabéns a todos! Mas não vamos nos enganar. Isso aconteceu principalmente por causa da mãozinha que o governo nos deu, liberando o crédito, e também pelo volume de vendas especiais feitas pelo Escobar.

Todos ouvem atentamente a conclusão de Adolfo:

– Acho que estamos indo com muita sede ao pote. Podemos sofrer um revertério a qualquer momento e aí quero ver para onde vai todo esse blá-blá-blá.

Silêncio geral. Adolfo é uma liderança forte na Dédalo e todos sabem do respeito que Jonas nutre por ele. Ainda assim, Jonas tenta não esmorecer:

– É bom que Adolfo nos coloque de pés no chão. Ainda assim, gostaria que exercitassem responder à pergunta "Para que existimos como empresa?". Lembrem-se: a Operação Conexão está no ar! Precisamos buscar compreender com profundidade as necessidades de nossos clientes e também de nossos funcionários. Conto com todas as lideranças da Dédalo na busca dessas informações junto a suas equipes, assim como fizemos com os clientes na Operação Curiosidade. Voltaremos a esse assunto numa próxima oportunidade.

Escobar olha para Adolfo, aliados da mesma trama.

RAZÃO DE EXISTIR

Clóvis gosta desse novo Jonas. Está entusiasmado com a Operação Curiosidade, que trouxe novo ânimo à sua equipe de campo. Todos se envolveram por inteiro na aproximação com o cliente. Agora a Operação Conexão parece ser um passo adiante.

"Para que existimos como empresa?" Esse é o quarto emprego de Clóvis e em nenhum dos anteriores alguém havia se preocupado em buscar essa resposta. Talvez por achar a pergunta óbvia, assim como óbvias parecem ser as possíveis respostas: existimos para produzir e vender; existimos para gerar caixa; existimos para ganhar dinheiro; existimos para fazer lucros; existimos para sobreviver. Mas e daí? Esses objetivos nunca fizeram com que Clóvis se entregasse mais plenamente ao trabalho. Objetivos financeiros jamais lhe suscitaram um compromisso emocional.

Aliás, ele chega a sonhar à noite com os traumáticos finais de mês e as metas a atingir. O pesadelo começou como vendedor em seu primeiro emprego. Seu principal objetivo era a meta do mês, ora em unidades físicas, ora em unidades monetárias, ora em produtos e assim por diante. Se as metas não fossem atingidas, havia retaliação. Se fossem, eram definidas outras, mais elevadas.

No segundo emprego, pouco mudou. Houve apenas um acréscimo: seu superior exigia relatórios de visitas, número de visitas convertidas em pedidos, número de pedidos convertidos em vendas, número de vendas convertidas em faturamento. É claro que conseguiria muito mais vendas se não perdesse tempo com aqueles relatórios, mas seu superior apreciava estatísticas. Como as comissões ficavam retidas se os relatórios não fossem apresentados, não havia outra saída senão confeccioná-los às pressas.

No terceiro emprego, um novo cargo: gerente comercial. Nada que o livrasse das metas que deveria atingir, agora também por áreas geográficas, por representantes e por distribuidores. Além do pesadelo infindável das metas mensais, tinha de lidar com conflitos de relacionamento nas equipes. Nessa época, Clóvis sentiu saudade de seu tempo de vendedor.

A proposta da Dédalo, feita por Jonas, era irrecusável do ponto de vista financeiro. Foi essa razão que o levou a aceitá-la, além da ascensão na carreira proporcionada pelo posto de diretor.

Foi difícil acostumar-se com Jonas no dia a dia e, mais ainda, com o rigoroso Adolfo. Centralizador e autoritário, Jonas só dava ouvidos a Adolfo, uma espécie de primeiro-ministro. Também não gostou da admissão de Escobar. Talvez tenha se sentido ameaçado, mas o que mais o aborrece é a forma como ele atua no mercado.

Nesses empregos, Clóvis passou a aceitar o trabalho como ele é: luta pela sobrevivência, busca do sustento e espera da aposentadoria. Mas isso nunca o fez feliz. Na verdade, o incomodava. Afinal, suas necessidades são outras.

No fundo, Clóvis sempre quis sentir-se parte de algo especial, saber que está fazendo algum tipo de diferença no mundo, ajudar outras pessoas. Essas coisas sempre mexeram com ele. Admira as pessoas que vivem essa realidade. Não são muitas, é fato. Mas ele deseja uma vida com mais significado, que o mantenha desperto. Quer se sentir orgulhoso daquilo que realiza.

A Dédalo não é nenhuma maravilha, mas ele gosta da tentativa de Jonas de buscar, junto à equipe, uma resposta para a pergunta "Para que existimos?". Clóvis gostaria de ter essa resposta também para sua própria vida. "Se Jonas for por aí", pensa, "então também estarei nessa".

AULA DE CULINÁRIA

– Que ideia genial ter nos convidado para ver como funciona a cozinha de seu restaurante – diz Jonas, cumprimentando Anita.

– Anita já havia nos convidado antes, mas achei que você ainda não estava preparado para compreender a arte culinária – brinca Marta, com ar de mistério.

Para Anita, o trabalho não é um meio de vida, mas a própria vida.

– Tenho paixão por alimentos, por culinária e pela relação que existe entre ambos e saúde – ela comenta.

Mesmo com avental e chapéu de cozinheiro, Anita mantém o charme e a elegância. É com conhecimento e devoção que explica, toca os alimentos, discorre sobre seus poderes nutritivos e terapêuticos. Conhece a história dos utensílios de cozinha, a importância dos temperos, especiarias e condimentos.

Às vezes, Jonas se distrai das explicações, parece mais atento à mulher, ao mesmo tempo meiga e de personalidade marcante. O cheiro, o gosto, a cor, a textura, tudo faz parte do universo sensorial e delicioso da culinária. De fato, Jonas jamais se dera conta desse mundo tão rico.

– Não estamos aqui apenas para conhecer os dotes culinários de Anita – diz Marta, puxando as cadeiras para que todos possam se sentar. – Ela também é uma boa líder. Sabe manter a chama da motivação acesa todos os dias. Pedi que nos falasse sobre seus conhecimentos de liderança.

– Na verdade, continuo aprendendo a cada dia – ressalva Anita. – Hoje tenho uma equipe muito comprometida e que produz bons resultados. Não foi sempre assim. Essa foi uma árdua conquista.

– Anita, esse tema me interessa muito. Aliás, tenho refletido bastante sobre liderança, equipes e competências. Obrigado por ter pensado nisso, Marta.

– A culinária me ajudou muito a compreender o que é liderança – comenta Anita enquanto coloca dois caldeirões sobre o fogão e alguns ingredientes sobre a mesa.

– Culinária e liderança! Essa eu quero ver – diz Jonas, ajeitando-se na cadeira, atento ao que vem pela frente.

– Estes ingredientes são as necessidades das pessoas. Preparei uma lista com o nome de alguns deles. – Anita entrega a Jonas uma folha impressa. – Esta é a "Lista dos Quereres":

Salário
Ambiente seguro
Segurança no emprego
Sentir-se capaz
Ter controle sobre o ambiente
Ser informado
Ser respeitado
Ser reconhecido
Ser recompensado
Reconhecer as oportunidades
Ter uma autoimagem positiva
Ter a camaradagem dos colegas
Sentir-se integrado
Conhecer o que é esperado
Saber por que as coisas acontecem
Fazer o bem aos demais
Contar uma história
Sentir-se parte de algo especial
Sentir-se competente em suas aptidões e contribuições
Ter voz ativa sobre o próprio destino
Sentir-se dono do seu espaço
Tentar algo novo e diferente
Destacar-se no trabalho
Crescer como pessoa
Aprender a cada dia

Enfrentar desafios que expandam os limites
Perceber valor no seu trabalho
Constatar o progresso pessoal
Fazer parte de um grupo respeitado

– A combinação desses ingredientes produz caldos diferentes.

Anita coloca alguns legumes e cereais em um dos caldeirões. Acrescenta água e acende o fogo, continuando:

– Esse é o caldeirão do *existir* e este outro é o caldeirão do *viver*.

– Existir é proteção, autopreservação, instinto – explica Marta. – Viver é fazer uso de seus talentos e de suas potencialidades. Estou certa?

– É isso mesmo – reforça Anita. – O caldeirão do *existir* produz caldos voltados ao baixo desempenho e o caldeirão do *viver* produz caldos voltados ao alto desempenho.

– Já entendi. O primeiro é o caldeirão do *envolvimento,* o outro é o caldeirão do *comprometimento* – brinca Jonas.

– De certa forma, sim.

Anita sorri e acrescenta:

– Algumas necessidades estão relacionadas ao sustento; outras, à realização. Existe uma relação direta dessas necessidades com o desempenho humano. O resultado da empresa, por sua vez, depende exatamente desse desempenho.

– Faz sentido... – murmura Jonas.

– Se você quer alto desempenho em sua empresa, então precisa de uma equipe de alto desempenho – discorre Anita, acrescentando mais água aos caldeirões. – E pessoas de alto desempenho nascem em ambientes em que o caldo é o do *comprometimento,* como você mesmo disse.

– Produzido no caldeirão do *viver* – complementa Marta.

– Eu sempre vi as necessidades das pessoas como um estorvo – comenta Jonas, lembrando-se de Adolfo, que pensa da mesma maneira. – Para mim, o melhor sempre foi automatizar tudo e livrar-se delas.

– Não conseguiremos nada sem as pessoas. Aprendi muito observando as que trabalham comigo.

– Anita, você pode dar um exemplo? – pergunta Jonas, ansioso.

– Quem trabalha na minha rede de restaurantes gosta de saber que estamos contribuindo para a saúde das pessoas. Esse caldo recebe o nome de *propósito*. Diferentemente da maior parte dos restaurantes, que apenas servem refeições, o nosso ensina a se alimentar de maneira saudável. As pessoas gostam de trabalhar por essa causa.

Jonas balança a cabeça, concordando.

– Como eu, elas buscam contar uma história, fazer o bem aos demais, sentir-se parte de algo especial. É por isso que participam com vontade do nosso programa de treinamento e algumas fazem estágio em escolas renomadas do exterior. Assim, posso reter bons talentos e atrair outros que também se identificam com essa causa. Mas esse é só um dos caldos possíveis.

– Dê outros exemplos de bons caldos.

– Ter voz ativa sobre o próprio destino e sentir-se dono de seu espaço são quereres que formam o bom caldo do *empreendedorismo*. Perceber valor em seu trabalho e constatar o progresso pessoal são quereres que formam outro bom caldo, o do *reconhecimento*.

– Que ingredientes você colocou no caldeirão do *existir*? – pergunta Jonas, curioso.

– Salário, ambiente seguro, segurança no emprego, ser recompensado, entre outros – responde Anita.

– Mas essas necessidades são reais e importantes para as pessoas – retruca Jonas.

– Sim, são reais e importantes, mas não produzem o melhor caldo. É possível ter uma equipe eficiente com esse caldo, mas jamais uma equipe de alto desempenho – argumenta Anita, sem nenhuma ponta de dúvida.

– Estou aqui pensando – comenta Marta. – Acho que o medo e o dinheiro jamais conseguirão esse compromisso emocional.

– Ah! Não concordo – interrompe Jonas. – O dinheiro faz também um belo caldo e é uma potente fonte de energia.

– É verdade, o dinheiro também é uma fonte de energia, assim como o medo – ensina Anita. – Mas não é energia da melhor qualidade.

– Como assim? – questiona Jonas.

– Tão logo o concorrente acene com uma remuneração melhor, lá vai seu funcionário na busca incessante de ganhar cada vez mais. E o medo, por sua vez, aciona o instinto de lutar ou fugir.

Jonas lembra-se imediatamente da *arena de guerra*.

– Mas será que é assim em todas as empresas, em todos os lugares, em todos os países? Todos possuem as mesmas necessidades? – pergunta Jonas, ainda cético.

– Olhe essa cebola, Jonas – Anita descasca uma cebola sobre a tábua de madeira. – Veja como ela é formada por várias camadas. Faça isso com o ser humano. Descasque todas as suas camadas e você descobrirá no seu centro o mesmo desejo íntimo.

– Essa conversa me abriu o apetite – diz Marta, com um sorriso sugestivo.

OUTROS VENTOS

– Escobar está na recepção.

– Obrigado, Rose. Mande-o entrar.

Faz tempo que Jonas não presta atenção em Rose. É sua assistente há muitos anos, e ele nunca parou para pensar em suas necessidades de realização. "Parece que Rose trabalha para complementar a renda doméstica e criar os filhos", pensa. "Mas será que é só isso? Será que ela não quer trabalhar por um propósito, alcançar conquistas pessoais, empreender em sua função, ser reconhecida? Acho que o sistema de trabalho monótono e repetitivo congelou os quereres de Rose e a colocou na luta pela sobrevivência. Em breve ela provará um novo caldo."

– Bom dia, Escobar.

Alinhado no terno azul-marinho, Escobar responde, efusivo:

– Estamos diante de uma extraordinária oportunidade que mudará o curso da história da Dédalo.

– Mais ainda? Já noto sinais de mudanças no curso da história da Dédalo – sorri Jonas, animado.

– A Dédalo está prestes a se tornar a empresa de melhor *goodwill* em seu ramo de atividade em toda a América Latina – declara Escobar, ainda mais convicto.

– Uau!

– E você estará entre os empresários mais importantes de nossa economia!

Os olhos de Jonas brilham. Ele pergunta:

– E qual é a fórmula mágica?

– Gostaria que conhecesse uma pessoa importante da economia e da política. Um exímio *negotiator*. Sugiro que marquemos um jantar.

Há tempos, Jonas suspendeu os jantares de negócios. Mas não quer perder essa oportunidade nem desestimular Escobar, seu profissional mais arrojado.

– Mas de quem se trata? – pergunta Jonas curioso.

– É uma pessoa influente, com poderoso network no país e no exterior. Vou articular para conseguir uma agenda nas próximas semanas.

– Está bem, faça isso e avise a Rose.

Escobar, de cabeça e peito erguidos, sai da sala convicto de mais uma conquista.

"O vento parece soprar cada vez mais a favor!", pensa Jonas, retirando uma folha de anotações da gaveta. Aproveita para acrescentar mais uma linha a seu quadro-síntese:

MERCADO	REAÇÃO/AÇÃO	ARTIFÍCIOS E RECURSOS	PLANOS E PROJETOS	PERFIL DE PROFISSIONAL
Arena de guerra	Lutar ou fugir	Armas e munição	Operação Ataque	Guerreiro
Mina de recursos esgotáveis	Disputar e competir	Manhas e artimanhas	Operação Combate	Jogador
Oásis no deserto	Descobrir e desvendar	Bússola e sonho	Operação Curiosidade	Curioso
Ponto de encontro	Compreender e conectar-se	Foco e competência	Operação Conexão	Perito

Jonas se inclina na cadeira com as mãos cruzadas atrás da cabeça. Quem diria! Relaxado em pleno expediente! Mas ele se esquece de que nem toda brisa é benfazeja.

5
ATELIÊ DE ARTE

FÉ E INSPIRAÇÃO

Somos feitos da mesma matéria de nossos sonhos.
SHAKESPEARE

Jonas, Anita, Marta e Hilário passeiam por uma praça onde vários artesãos compõem suas obras.

– Marta, que boa ideia a sua de vir passear em um lugar como este. Quantas pinturas, gravuras e esculturas bonitas! – diz Jonas.

– Gosto muito de arte em argila – comenta Anita, com seu chapéu para se proteger do sol.

– O que eu queria mesmo é ter ficado em casa assistindo à corrida de Fórmula I – resmunga Hilário.

– Escolhi este lugar porque tem tudo a ver com nossas conversas – diz Marta, sorrindo para Jonas.

O sol da manhã de verão ilumina as obras, criando um ambiente de beleza e inspiração. Desenhistas rabiscam caricaturas e cartuns, outros artistas manipulam madeira, argila, couro, ferro.

– Como estão as coisas na Dédalo? – pergunta Hilário.

– Estamos em crescimento, tentando ajustar nosso foco, descobrir novos diferenciais e desenvolver novas competências. Sinto que a motivação da equipe tem aumentado a cada dia e estamos vivendo em paz com o sindicato.

– E o bom é que isso aconteceu de forma participativa – comenta Marta.

– Mas noto que nossos diferenciais estão muito parecidos com os da concorrência: preço, qualidade e alguns serviços agregados. Ainda não somos uma empresa única.

– Acho que esse é um problema comum das empresas hoje – acrescenta Hilário. – Todas estão muito iguais. Sofremos do mesmo mal.

– Em resumo: vocês estão no lugar-comum – sintetiza Marta.

– Concordo. Não há nada de novo no *front*. Com a desvantagem de que estamos tentando arduamente recuperar a reputação da Dédalo, muito chamuscada no mercado.

– Vocês precisam se mostrar como uma empresa inovadora – interrompe Anita, que estava admirando uma pintura de estilo neoclássico.

– Mas, para isso, é preciso *ser* uma empresa inovadora – ressalva Jonas.

– Espiem! Uma tela em branco – diz Anita, chamando a atenção de Jonas e Hilário. – Esperem para ver. Daqui a pouco ela estará cheia de desenhos e cores que expressam um significado.

Enlevados, eles apreciam a habilidade do artista. A tela branca dá lugar a um jogo de cores em matizes mais ou menos acentuados e, algum tempo depois, lá está: uma tela com significado e beleza.

– Fantástico! Uma joia! – exclamam Jonas e Hilário quase ao mesmo tempo.

Os quatro amigos retomam a caminhada. Sons de dobrados ressoam do coreto no centro da praça, executados por uma banda. Ali, parece que a gente sofrida esqueceu-se da dor, como diz a canção. Tudo é alegria! Enquanto Hilário se entretém com as habilidades dos artesãos, Marta, Anita e Jonas se sentam no banco próximo ao chafariz.

– Está na hora da Dédalo dar um passo adiante – incentiva Marta. – Ao ver o mercado como um *oásis no deserto*, você conseguiu instigar a curiosidade de sua equipe. Não foi isso o que aconteceu?

– Sim, usamos a Operação Curiosidade para mobilizar toda a equipe comercial. Eles descobriram coisas que jamais imaginavam.

– Pois bem! Depois você evoluiu para o *ponto de encontro*.

– Isso mesmo! É o que estamos praticando. Buscamos o melhor alinhamento estratégico, o ponto de maior potencial de negócios.

– Que tal dar um passo adiante e passar a ver o mercado como um *ateliê de arte*? – propõe Anita.

– Ops! Isso é coisa para artista! – diz Jonas.

– É isso mesmo. Acertou! É coisa para artista. Pense em sua empresa repleta de artistas que esperam a primeira oportunidade para exprimir todos os seus talentos.

Jonas coça a cabeça.

– Não acho que as pessoas da Dédalo sejam muito criativas. Elas têm se mostrado eficientes, e só.

– Você também não as via como eficientes até pouco tempo atrás – lembra Anita. – Tudo depende do olhar que você, como líder, lança sobre elas e de como lida com suas necessidades. Creia: elas são criativas, assim como você e eu.

– Mas o que muda quando passo a ver o mercado como um *ateliê de arte*?

– Num *ateliê de arte*, tudo está por fazer. Acontece que há um novo mercado, mais exigente, que não se satisfaz apenas com produtos bons e baratos. Ele quer mais. Esse mercado quer conversar e ser compreendido, quer ter voz própria e também ver sua identidade reconhecida. Esse mercado é constituído de seres humanos.

– Mas o que há de novo nisso, Anita?

– Esse novo mercado quer falar com empresas que o escutem, quer ser ouvido, quer demonstração de interesse, quer ter certeza de que existem outros seres humanos pensando nele 24 horas por dia, todos os dias do ano.

– Aprendemos muito sobre isso na Operação Curiosidade e, principalmente, na Operação Conexão.

– Acontece, Jonas, que esse novo mercado não gosta de padrões e normas que existem em nome da produtividade e da qualidade. Isso não basta! Esse novo mercado quer produtos e serviços inovadores que correspondam às suas necessidades. Quer que as empresas acertem o alvo de suas demandas e, mais que isso, o surpreendam. Quer viver experiências novas e emocionantes, quer ser tocado no coração e na mente.

Anita fala com a autoridade de quem conhece e vivencia essa realidade.

– Ufa! Hoje vocês estão dispostas a dar um nó na minha cabeça, hein? E como se atinge esse mercado?

– Somente a imaginação humana é capaz de oferecer uma resposta adequada a esse desafio – reforça Marta. – Sabe aquela mesma imaginação que ficou em segundo plano na era que passou? Precisamos acioná-la, trazê-la de volta, urgentemente.

– Marta, você não está se referindo ao papel do departamento de pesquisa e desenvolvimento?

– Claro que não! A criatividade está espalhada por toda a empresa e o próximo desafio é soltar suas amarras.

– Não é possível que eu tenha trabalhado de forma errada todos esses anos – angustia-se Jonas.

Anita continua:

– O mercado passa a ser visto como um lugar no qual expressamos nossa arte, nos divertimos, pintamos o sete! Uma empresa que pensa assim recusa imitações. Prefere a aventura e assume o risco. Acredita na capacidade de imaginação e de inovação de sua equipe. Vê o mercado como um mundo recreativo, com ilimitadas possibilidades de brincar.

– Parece empolgante.

– E é muito empolgante. Quando você consegue ver o mercado como um *ateliê de arte*, só precisa imaginar e inovar. As empresas copiam umas às outras porque perderam a capacidade de sonhar.

– E o que é necessário para sonhar? – pergunta Jonas, como se buscasse uma técnica.

– Acreditar, ter fé. Então a inspiração surge.

– Marta, você não acha que Anita é otimista demais? As coisas não são assim tão simples.

– Não se trata de otimismo, Jonas. Anita está falando de esperança. Otimismo é quando ficamos bem porque está tudo bem lá fora. Esperança é quando, mesmo diante de uma suposta crise lá fora, a alma está aquecida e a mente fervilha de ideias. E isso acontece quando o líder sabe usar os melhores ingredientes da "Lista dos Quereres" de Anita, lembra-se?

– Claro que me lembro.

– Quando as pessoas começam a expressar a criatividade de maneira mais plena, começam também a se sentir mais felizes e satisfeitas como seres humanos. É mais realizador se sentir criativo do que produtivo.

Embora não compreenda inteiramente, Jonas é tomado por um sentimento de leveza e esperança.

– Jonas, você está preparado para o próximo desafio? – a pergunta de Marta é direta. – A propósito, você leu o livro que lhe dei?

Antes que Jonas possa responder, Hilário se aproxima com saquinhos de pipoca. Os quatro amigos seguem apreciando as obras de arte, naquela resplandecente manhã de verão.

GAIOLA E ASAS

Se o pássaro bate na gaiola,
considera-se violento o pássaro;
violenta é a gaiola.
RUBEM ALVES

Adolfo é a melhor tradução de uma empresa moldada para competir na era industrial. Vigilante da produtividade e da qualidade, coloca toda a atenção nos produtos e em seus atributos. Para ele, o jogo é claro: é preciso produzir mais rápido, melhor e mais barato. O resultado disso tudo é o lucro.

O problema é que Adolfo não suporta a irregularidade das pessoas, volúveis no humor, na energia, na disposição, nos desejos, nas necessidades. É um defensor eloquente da padronização e da normatização.

Para que os resultados sejam regulares, ele acredita ser necessário haver controles, começando por um organograma que defina quem é quem na hierarquia.

Depois, é bom delinear os cargos e as funções. Assim fica claro o que cada um deve fazer quando começa a trabalhar. Os cargos e as funções são preenchidos por tarefas e afazeres, que ocupam o tempo de pessoas sem tempo. Afinal, o tempo é inteiramente tomado na resolução de problemas criados pela própria burocracia e controle.

Essa *empresa-gaiola* se assemelha a uma *oficina de reparos.*

O controle é, para Adolfo, uma obsessão. A necessidade de domar e de dominar estende-se também a outros aspectos de sua vida. Quer nas atividades domésticas, ao cuidar de seu viveiro de pássaros, quer na prática de esportes, assim como no trabalho, ele segue programas e horários com rigor. Inclusive nas caminhadas vespertinas nos fins de semana, quando controla o tempo, a distância e até o número de passos.

Dificilmente sai de férias. Quando o faz, adota o mesmo rigor dos horários de trabalho nos passeios e atividades de lazer. Não é incomum voltar das férias ainda mais cansado.

Esses traços se instalaram em sua personalidade desde a infância. Disciplina, autoridade e controle emocional faziam parte da rigorosa educação que recebeu dos pais, que cultivavam fortes valores puritanos. Eles o ensinaram a ser meticuloso, a controlar e organizar o mundo à sua volta. A respeitar e fazer respeitar a hierarquia.

Jonas sempre pensou como Adolfo, tanto que criou a Dédalo com base nas premissas das empresas moldadas para funcionar na era industrial. Houve uma mudança de era, mas a Dédalo continuou a operar do mesmo jeito e hoje paga caro por isso.

O que Jonas tem aprendido com Marta e Anita é que o foco não está mais no produto, e sim no cliente. Melhor do que entender dos atributos dos produtos é compreender as necessidades dos clientes. É preciso decifrar o enigma chamado *cliente*, e isso só será possível se houver interesse, atenção e empatia. Quando as atenções estão nos clientes, priorizar a padronização é um esforço inútil. Cliente é um ser mutante, que renova seus sonhos, anseios e necessidades. Nessa ótica, os mecanismos e procedimentos que asseguram a repetição operam no sentido contrário às demandas dos clientes.

Jonas está aprendendo que negócios são relacionamentos em que as emoções estão entrelaçadas com a razão. Nesse sentido, é bom começar a apreciar a irregularidade e o caos. É a única maneira de substituir a repetição pela inovação e as tarefas e os afazeres por um propósito com significado.

A *empresa-gaiola* deverá dar lugar à *empresa-asas* e a *oficina de reparos* deverá ceder espaço à *usina de ideias*. Mais importante do que continuar medindo o que existe é se ocupar com o que poderia existir.

É um novo mundo, mais caótico, mas também mais divertido.

OPERAÇÃO CRIATIVIDADE

O homem é, acima de tudo, aquele que cria.
SAINT-EXUPÉRY

Clóvis mergulhou de cabeça na Operação Criatividade depois que Jonas a propôs. Em uma das reuniões com as lideranças, para elucidar melhor o processo da criatividade, Clóvis traz uma balança com dois grandes pratos. Explica que sobre o prato da direita deve ser colocado tudo o que representa um bloqueio ou limite à imaginação. Do lado esquerdo, o que libera e instiga a curiosidade. Utiliza pequenos tijolos para fazer a representação e depois pergunta:

– No nosso caso, para que lado pendem os pratos da balança?

A resposta é unânime: os bloqueios vencem a curiosidade, e isso significa que a Dédalo possui baixa capacidade de inovação.

Clóvis explica que a curiosidade é a semente da criatividade. Todas as vezes em que o peso aumenta no prato dos bloqueios, a curiosidade perde sua força, é inibida. Os bloqueios são, portanto, oponentes da curiosidade. As pessoas têm pouca vontade de saber e de aprender quando tudo o que se espera delas é que sigam padrões sem questioná-los. A curiosidade fica para as horas de lazer ou para os projetos fora do trabalho, a chamada "vida pessoal". Com isso, a empresa perde o que o colaborador tem de melhor, a capacidade de transformar sonhos em realidade. Esse é apenas um dos prejuízos. O outro é fazer com que as pessoas deixem de buscar soluções e respostas no mundo interior e fiquem presas ao que está acontecendo lá fora, preferindo a imitação à imaginação.

Para ser única, uma empresa precisa, antes de tudo, imaginar-se única.

Clóvis aproveita o momento para falar de Procusto, personagem da mitologia grega. A lenda conta que cada viajante que passava pela estrada em direção a Atenas tinha de dormir no leito de Procusto, mas devia caber direitinho naquele espaço, sem sobrar nem faltar cama, pois os excessos ou as faltas eram reparados no ato. Se o viajante fosse alto, Procusto cortava seus pés. Se fosse baixo, esticava-o. A metáfora é perfeita para mostrar como as empresas moldam as pessoas e seus talentos criativos conforme os próprios parâmetros. Não existe nada pior do que reduzir o tamanho das pessoas aos limites dos atributos de seus cargos. O cargo impede que a pessoa seja ela mesma, e as pessoas são potencialmente maiores e melhores do que os cargos que ocupam.

Em uma organização tradicional, o leito de Procusto é conhecido por outros nomes, norma, regulamento, orçamento, padrão etc. Tudo isso causa bloqueios e tem o poder de afugentar a curiosidade e a imaginação para bem distante.

A abordagem da "balança da criatividade" apresentada por Clóvis é bastante pragmática, uma vez que não sugere a eliminação de todos os bloqueios, o que seria inviável. A sua apresentação ilustra, didaticamente, que o desafio a ser enfrentado consiste em fazer com que o prato da esquerda, aquele ocupado por elementos que instigam a curiosidade, pese mais do que o prato da direita, no qual estão contidos os bloqueios.

Clóvis consegue grande apoio das lideranças. Animado, ele promete um jantar no fim do mês com todos aqueles que descubram as coisas mais estúpidas que existem na Dédalo, ou seja, tudo aquilo que agrega custos, mas não agrega valor ao cliente nem produz resultados. Geralmente, são coisas ligadas à burocracia, às normas e aos regulamentos que pretendem satisfazer exclusivamente as necessidades de comando e controle dos líderes. Em outras palavras, tudo aquilo que sobrecarrega o prato da direita.

Baixada a euforia que motivou Clóvis a lançar o desafio, resta a preocupação com o tamanho da lista e com as reações de Adolfo, que ouve tudo, amuado, em um canto da sala.

TEATRO DA NORMA

Jonas resolve encontrar Hilário na academia no início da noite, sem avisá-lo.

– Que surpresa boa! – alegra-se Hilário. – Espere um pouco, vou tomar uma ducha e trocar de roupa.

Jonas observa a academia e a compara com os propósitos de Anita e de sua rede de restaurantes. De certa forma, são empresas similares. Ambas aspiram contribuir para a boa saúde e o bem-estar de seus clientes. Ainda que tenham necessidades parecidas e os focos sejam próximos, existe uma grande diferença entre as competências de cada empresa. Jonas pensa que cada uma pode criar um arranjo único e se destacar no mercado. Não há necessidade de imitações.

Hilário ressurge com pose de atleta, rosto corado, pele bronzeada. Enquanto se dirigem para a lanchonete da academia, Jonas pergunta:

– E como está a carreira de executivo?

– Esse é outro papel. Antes, o de subalterno. Agora, o de líder. Tenho mais responsabilidades, mas não mais autoridade. A norma continua sendo nossa patroa. É ela que manda! Para nós, os líderes, resta fazer com que as pessoas a cumpram.

– Será que é isso o que as pessoas querem? Seguir normas?

– É, sim. Todos sofrem de "normose", doença causada pelo excesso de normas e que tem o poder de cortar as asas de quem anseia voar. Com isso, as pessoas acostumam-se a não assumir novas responsabilidades e a não tomar iniciativas. O que elas mais desejam é que o dia termine rápido e o salário esteja na conta no fim do mês.

– Será que é assim que os líderes, em geral, pensam?

– Claro que sim. Afinal, são eles que autorizam as verbas para encher a empresa de normas, procedimentos, avisos sobre o que pode e o que não pode ser feito.

Jonas observa o quanto as crenças de Hilário são opostas às de Anita. Quem está certo? Há muita verdade no que Hilário diz.

Essas sempre foram suas crenças, como também as de Adolfo. A Dédalo ainda representa muito isso. Jonas tenta se contrapor, buscando argumentos que tirem o peso de sua dúvida.

– Anita parece pensar e agir de forma diferente.

– Jonas, Anita é dona de restaurantes. É um negócio simples comparado à empresa em que trabalho, uma grande organização com filiais espalhadas pelo mundo.

– Não é bem assim. A rede de restaurantes de Anita está se expandido também para outras cidades. Não é nada fácil manter aquela filosofia de trabalho na cabeça de centenas de pessoas.

– Nosso caso é diferente... – teima Hilário, insistindo em seu ponto de vista.

Jonas também acha que o caso da Dédalo é diferente, uma empresa nacional de médio porte. "O fato é que Anita e seus colaboradores parecem felizes com seu trabalho", pensa Jonas. "E isso não deve estar relacionado ao porte, ao ramo de atividade ou ao segmento de mercado."

– Você não me parece feliz – arrisca, tentando captar os sentimentos de Hilário.

– Ao contrário, estou felicíssimo! Afinal, ganho mais e, à noite, continuo arranjando tempo para a academia e, pela manhã, para as caminhadas. Planejo uma viagem de férias com Marta e as crianças. Que mais alguém pode querer além de dinheiro, benefícios e segurança no emprego? Em troca disso, participo como um protagonista bem comportado desse teatro da norma.

CASTELOS DE AREIA

As pessoas demoram muito para ficar jovens.
PICASSO

Manhã radiante de domingo. O sol entra pela varanda e ilumina toda a sala. O vento balança o arvoredo e os passarinhos cantam, alegres, como se agradecessem o novo dia. "Nada como um bom espreguiçar", pensa Jonas, abrindo as janelas da sala. O sono reparador parece ter voltado à vida dele.

O *Estraga-prazeres* brinca na terra, tentando montar algo que parece um castelo. É bom vê-lo assim, compenetrado. É como se, para ele, o mundo tivesse parado. O menino, a terra, as pás de madeira feitas com palitos de picolé e o principal, sua imaginação. O castelo é o resultado do que o menino foi capaz de criar primeiro em sua mente. Antes, uma imagem. Agora, um empreendimento. Afinal, o que não podemos imaginar, não podemos realizar. Criatividade é isso: imaginação aliada à realização.

Jonas se lembra de seus tempos de escola. O melhor momento era o horário do recreio. Ele e seus colegas não viam a hora de bater o sinal para soltar a imaginação e empreender uma porção de sonhos. O recreio era destinado ao exercício da liberdade. Ocasião para devaneios e muita alegria.

Na sala de aula, pouco se ria. A liberdade dava lugar à sisudez. Lá, prevalecia o controle. A começar pelo controle de presenças, todo início de aula, por meio de uma lista de chamada. Depois as provas, que mediam a quantidade de informação memorizada, o que não significava, necessariamente, aprendizagem. O boletim escolar era o controle maior, torturante e amedrontador. Por intermédio dele, a escola fazia uma aliança com os pais, no que parecia uma conspiração ardilosa contra uma criança, que só queria aprender com as coisas do mundo na hora do recreio.

Jonas se recorda pouco do que tentavam ensinar nas salas de aula, mas se lembra bem do aprendizado nos recreios e quintais.

Na sala de aula, a rotina. Nos recreios e quintais, a imaginação. Se a inovação é a fantasia aliada à realização, a burocracia é a execução sem fantasia.

Assim como o castelo do menino, a Dédalo foi, no passado, o castelo de Jonas. Também o seu brinquedo preferido, lugar de sonhos e realizações. O que aconteceu em todos esses anos?

A Dédalo passou a ser um sistema que transforma matérias-primas em produtos acabados e, depois, duplicatas em dinheiro. Tudo de maneira repetitiva e controlada, para que não existam erros que causem prejuízos. E tudo com muita pressa, que é diferente de velocidade. A tensão e a falta de tempo bloqueiam a imaginação.

Adolfo foi contratado exatamente para pôr a Dédalo nos trilhos. Fez isso muito bem. Definiu horários de chegadas e partidas, locais de embarque e desembarque. O objetivo era não deixar o trem descarrilar. Implantou inúmeros relatórios, mas a realidade é sempre muito mais ampla que os dados coletados. Toda essa imensidão de informações mais reduzia do que ampliava as percepções.

O excesso de padrões torna as pessoas uniformes, distantes de si mesmas, da fonte da imaginação que existe em cada um.

O menino continua entretido, construindo seu castelo com terra. Momentos de deleite, presença total. Ali não há passado e não há futuro. A vida não se perde em pensamentos que não sejam o tempo presente. A inspiração é um ato de graça, uma bênção. É provável que ele não troque esse momento por nada no mundo.

Ao chegar em casa, talvez sua mãe ralhe com ele por causa da sujeira nas mãos, no rosto, no cabelo e nas roupas. É possível que ele não compreenda a reação e sua expectativa seja de um elogio eloquente: "Puxa! Como você é criativo! Isto está uma obra-prima!". Esse momento é determinante e pode definir um futuro: adquirir mais um bloqueio ou incentivar a sublime curiosidade.

PASSOS DE TARTARUGA

Jonas acrescenta uma linha no quadro-síntese que vem elaborando, fruto de seu aprendizado:

MERCADO	REAÇÃO/AÇÃO	ARTIFÍCIOS E RECURSOS	PLANOS E PROJETOS	PERFIL DE PROFISSIONAL
Arena de guerra	Lutar ou fugir	Armas e munição	Operação Ataque	Guerreiro
Mina de recursos esgotáveis	Disputar e competir	Manhas e artimanhas	Operação Combate	Jogador
Oásis no deserto	Descobrir e desvendar	Bússola e sonho	Operação Curiosidade	Curioso
Ponto de encontro	Compreender e conectar-se	Foco e competência	Operação Conexão	Perito
Ateliê de arte	Imaginar e inovar	Fé e inspiração	Operação Criatividade	Artista

Enquanto aprecia e avalia as anotações, é interrompido bruscamente por Adolfo, que passa por Rose sem cumprimentá-la e invade sua sala.

– Desastre! A fábrica entrou em greve, os clientes estão cancelando seus pedidos, os resultados estão em declínio.

– Mas o que foi que aconteceu? – Jonas se levanta, assustado.

– Subestimamos nossos problemas, supondo que já estivessem resolvidos. O sindicato conseguiu convencer nossos funcionários de que estão sendo enganados pela direção da empresa com toda essa conversa de Operação Criatividade.

– Mas isso não é possível! – Jonas mal pôde acreditar no que ouvia.

– E a greve está no jornal do sindicato. Por isso, alguns clientes, ressabiados, resolveram cancelar os pedidos.

– Mas Clóvis tem feito um bom trabalho com os clientes.

– Era o que parecia. Mas os vendedores reivindicam aumento nas comissões, e Clóvis está perdendo o controle. Nós nos descuidamos. Eu sempre disse que os clientes não são fiéis, bem como os funcionários. Estamos pagando o preço da nossa ingenuidade.

– Não acredito no que está acontecendo.

– Jonas, você não quer acreditar no que está acontecendo ou no que nunca deixou de acontecer. O mercado é e sempre foi uma *arena de guerra*. Pena que você tenha se esquecido disso. Fomos tolos em nos desarmar. Precisamos voltar ao que éramos.

– Adolfo, você está exagerando. Vamos avaliar o quadro com cuidado.

– Você ainda não entendeu. A fábrica está parada, os clientes vão encaminhar os pedidos aos concorrentes. Enquanto ficamos por aqui brincando de "balança da criatividade", o mercado está sendo entregue de mão beijada aos concorrentes, que terão seus balanços reais engordados à nossa custa.

Jonas escuta, paralisado. Não consegue acreditar no que está acontecendo, assim tão repentinamente. Adolfo discursa, enfático, como nos velhos tempos:

– Você se esqueceu, Jonas, de que não tem para todo mundo? É de quem chegar primeiro. Se disputar uma corrida com uma tartaruga, a Dédalo chega em segundo lugar. Há muita conversa, pouca ação. Ficamos lerdos, românticos e cheios de blá-blá-blá. Temos de agir, e rápido. Amanhã pode ser tarde demais.

Jonas sente um frio na barriga.

OPORTUNIDADE ÍMPAR

Jonas entrega o carro ao manobrista. O restaurante é sóbrio, com mesas grandes e garçons formais. Nada parecido com os restaurantes de Anita. Escobar já está à sua espera no bar. Ao seu lado está aquela pessoa eminente, o exímio negociador de quem Escobar falara com entusiasmo.

– Esse é Jonas, diretor-geral da Dédalo.

– Olá, sou Saguate.

– Saguate, que nome diferente! – comenta Jonas.

– Que nada – ele sorri, misterioso. – É mais comum do que você pensa. Reservei uma mesa para nós próxima ao ar-condicionado.

– Por mim, tudo bem – responde Escobar.

Os três se acomodam e Saguate pede chopes para todos. Não houve tempo de Jonas dizer que preferia vinho.

– Saguate vai mudar o curso da história da Dédalo, Jonas. Sei do esforço que você está fazendo para recuperar a empresa e de suas boas intenções. Mas não se deixe enganar. O mercado é frio e insensível, não gosta de poesia.

– Gostaria de saber em que Saguate pode nos ajudar.

Saguate é um homem alto e forte. A voz grave e um pouco rouca e a fala mansa e segura ressoam sob um vasto bigode.

– Tenho como escoar boa parte de sua produção – declara, impassível.

– E como você pretende fazer isso? – pergunta Jonas desconfiado.

– Diria que tenho um bom network. Tudo o que sua empresa precisa é entregar parte de sua produção para uma *trader* situada em outra cidade e nós a colocamos no mercado a nosso modo.

– Colocamos quem? – pergunta Jonas ainda mais ressabiado.

– Conto parte do milagre, mas não conto o santo.

Escobar começa a falar imediatamente:

– Esse é o jogo do mercado, Jonas. Sabe por que trouxe o Saguate para conversar com você? Porque soube, casualmente, que ele está prestes a fazer o mesmo tipo de proposta para nosso principal *competitor*. Disse que o conhecia e que era preferível que o negócio fosse feito com a Dédalo. É uma oportunidade ímpar. Se o negócio for feito com o concorrente, a Dédalo enfrentará grandes dificuldades.

Jonas sente-se acuado. Quer fazer negócio e ao mesmo tempo não quer. Escobar insiste:

– Jonas, você só tem a ganhar. Vamos colocar a Dédalo a pleno emprego, sem a capacidade ociosa que onera os custos. Com os custos fixos diluídos, ela poderá operar com bons preços e boas margens também em outros mercados. Com isso, você se concentrará no que mais gosta e mais sabe fazer: *manufacturing*. Com a qualidade que só a Dédalo foi capaz de conquistar ao longo desses anos. É uma oportunidade irrecusável!

Saguate bebe o chope com prazer, ouvindo, cúmplice, os argumentos persuasivos de Escobar. O quadro que Adolfo pintou é obscuro. Jonas sabe que as dificuldades da Dédalo serão grandes se o concorrente se fortalecer. A Dédalo ainda não é uma empresa única. Adolfo recorreu a alguns artifícios para resolver o problema da greve. Portas parecem se abrir. Algumas mais largas que outras. É preciso escolher e decidir.

A picanha é servida malpassada, bem ao gosto de Saguate.

CAROÇO NO ANGU

De repente... olha eu de novo
Perturbando a paz, exigindo o troco.
PAULO CÉSAR PINHEIRO e MAURÍCIO TAPAJÓS

– Bom dia, Rose. Chame imediatamente Clóvis, Adolfo e Escobar.

Rose percebe que Jonas está diferente, agitado como nos velhos tempos. É como se estivesse, novamente, disputando uma maratona.

Adolfo entra sério como sempre, com alguns relatórios nas mãos. Clóvis entra sorridente e dá início à conversa.

– A Operação Criatividade foi a ideia mais brilhante que já tivemos nos últimos tempos. Está fazendo aflorar o potencial criativo de nossa equipe. Estou muito animado, mas me parece que precisamos dar um passo adiante. Estamos também enfrentando alguns problemas. A greve nos pegou de calças curtas.

Adolfo ouve, contrariado. Afinal o problema da greve sobrou para ele resolver. E o fez a seu modo.

– Foi para isso que os chamei, para definir o próximo passo. – Pelas olheiras, Jonas parece ter voltado às noites insones. – Clóvis, não precisaremos mais da equipe comercial ou pelo menos de parte dela.

– O quê?! Não estou entendendo.

– Estou disposto a firmar um acordo com uma *trader* capaz de colocar grande parte da nossa produção no mercado.

– É a melhor oportunidade da história da Dédalo – afirma Escobar.

– Isso facilitará a nossa vida. Podemos nos concentrar só em produzir, que é o que sabemos fazer melhor. E, com isso, nos livramos de todo esse trabalho na área comercial e de todos esses conflitos que estão surgindo por toda a empresa.

– Na área comercial, vejo os conflitos como parte positiva do nosso processo de recuperação. Estamos, finalmente, construindo uma relação de confiança com o pessoal. Precisamos implementar na produção o mesmo modelo de liderança que estamos adotando na área comercial – argumenta Clóvis, que parece despreocupado com a reação de Adolfo e espantado com a decisão de Jonas.

– Quais serão as condições de fornecimento? – interpela Adolfo, ignorando os comentários de Clóvis.

– Fixaremos isso em comum acordo, mas, pelo que compreendi, seremos capazes de faturar a preços menores. As despesas com impostos diminuirão e ficaremos livres das comissões sobre as vendas. Em suma, teremos lucros maiores.

– Com a redução também de parte das despesas fixas da área comercial, teremos lucros estupendos – acrescenta Adolfo, um claro adepto da proposta.

– Jonas, quando a esmola é demais o santo desconfia. Aparece, do dia para a noite, uma saída milagrosa. Acho que tem caroço nesse angu. Quem está por trás disso? – Clóvis tenta contrapor-se.

– Saguate – acrescenta Escobar. – Eu o conheço há muito tempo. É um negociador sem precedentes. É bom tê-lo do nosso lado.

– Clóvis, o fato é que não temos saída. Ou o esquema é montado com a Dédalo ou será montado com nosso principal concorrente. Se o concorrente pegar essa, será o nosso fim. Teremos de colocar a Dédalo à venda ou nos associar a algum grupo estrangeiro. – Jonas parece ter pensado muito nessa decisão.

– A sorte está do nosso lado – argumenta Escobar. – A oportunidade caiu do céu, graças à amizade de muitos anos que tenho com Saguate. O mercado é precário, os recursos são escassos e não tem para todos. Precisamos competir com unhas e dentes.

– É o que sempre disse – anima-se Adolfo. – Ou pega ou larga. Além do mais, estamos com as reservas baixas. Precisamos garantir os períodos de entressafra.

– Não estou gostando nada do que ouço – Clóvis se levanta – Vamos jogar por terra o que conquistamos com a Operação Criatividade.

– É a nossa chance de ouro – arremata Jonas em êxtase. – Ao contrário de você, estou vendo isso mais como oportunidade do que como ameaça. Não temos mais tempo. Precisamos agir.

Rose entra na sala para servir o café. Percebe um clima diferente do das últimas reuniões. Lembra-se de Jonas nos tempos em que a Dédalo ganhava dinheiro a rodo e perdia-o pelos ralos. A atmosfera de arrogância e soberba parece ter tomado o lugar do entusiasmo e da esperança.

COMO NOS VELHOS TEMPOS

Parece a Dédalo dos velhos tempos, com a produção quase a pleno emprego. Jonas adora o barulho das máquinas funcionando sem parar, agora em três turnos. Precisou contratar mão de obra adicional por tempo determinado. Para não aumentar o custo da folha de pagamentos, a decisão é cortar funcionários da área comercial, do marketing e de administração de vendas.

Produtividade passa a ser, novamente, o lema. Adolfo reforça a equipe da fábrica com novas contratações, com o intuito de aumentar os níveis de produtividade e qualidade. A fábrica está abarrotada de gráficos que medem o desperdício, os erros, o retrabalho e as anomalias.

Os controles estão por toda parte. Adolfo não deixa escapar nada. Sua obsessão é maximizar cada vez mais o retorno sobre os ativos.

O sindicato volta a fazer reivindicações nas portas da empresa, mas nada disso abala Jonas, acostumado com esses conflitos infindáveis. Pede a Adolfo que reforce a equipe do departamento jurídico para fazer frente às ações trabalhistas em curso.

O que interessa é que o retorno sobre os ativos tem aumentado a taxas surpreendentes em meses consecutivos. A Dédalo começa a ganhar mercados e a recompor suas reservas. Adolfo continua comandando as reuniões de final de mês em que os resultados econômico-financeiros são apresentados a Jonas, com a eventual participação de Clóvis e Escobar. Já pensam em aumentar o parque fabril e adquirir novas máquinas.

Jonas não conhece bem como funciona o milagre, mas sabe que Saguate possui as manhas e as artimanhas necessárias para colocar toda a produção que desejar no mercado e ainda controlar os preços dos produtos.

Em poucos meses, a Dédalo recupera sua posição de líder no ranking. À boca miúda, corre a notícia de que o principal concorrente passa por dificuldades e, no final do mês, tem entregado sua produção a qualquer preço para o mercado, na ânsia de gerar caixa para pagar as contas atrasadas. Desconfia-se de que boa parte dessa produção é comprada pelo próprio Saguate. Com isso, ele consegue manter um estoque regulador e determinar as condições de oferta para o mercado.

Os almoços de Jonas com Marta nos restaurantes de Anita foram substituídos pelos jantares com Saguate, abastecidos por chopes e picanhas malpassadas.

ACERTAR NA MOSCA

Adolfo entra na sala de Jonas com uma alegria incomum no semblante sempre sisudo.

– Boas novas, boas novas!

– Calma, não estou acostumado a ver você assim feliz. O que aconteceu?

– As novas máquinas chegaram! Isso significa aumento no faturamento e...

– ... aumento nos lucros e na taxa de retorno – complementa Jonas. – Viva! Já estou vendo a Dédalo na capa da principal revista de negócios do país.

– Isso significa liderança absoluta.

– Vamos comemorar, chame o Clóvis.

– Bem... Clóvis não está.

– O que aconteceu?

– Pediu demissão.

– Assim, sem mais nem menos, sem falar comigo? – espanta-se Jonas.

– Ele tentou várias vezes, mas sua agenda estava tomada com os problemas da produção. Recebeu uma proposta do nosso principal concorrente. Não pensou duas vezes.

– Mas Clóvis sabe que nosso concorrente está mal das pernas. O que ele foi fazer lá? Nós estamos em franca expansão, o concorrente está em queda livre.

– Ele disse que não estava se sentindo bem na Dédalo, não se sentia prestigiado ou valorizado. Disse também não acreditar nessa nova estratégia.

– O que ele queria? Quem atinge nossas metas é o Saguate.

– Esse era um dos problemas. Saguate concorria com Clóvis no mercado, com as vantagens das manhas e das artimanhas que Clóvis não tinha.

– Que pena! – lamenta Jonas. – Ele deixou de aprender com Saguate. O Escobar é mais inteligente. Trabalha colado no Saguate.

Mas se ele pensa ser capaz de ganhar lá o que estava ganhando aqui, está redondamente enganado.

– Ele disse que recebeu uma oferta menor, mas preferiu ir.

Jonas fitou Adolfo, pensativo. Agora, com as novas máquinas, poderiam conquistar o mercado externo. Como Clóvis foi capaz de desdenhar um futuro tão promissor?

– Mais uma vez, acho que acertei na mosca – comenta Jonas. – Ainda bem que fizemos um acordo com o Saguate, caso contrário estaríamos com uma mão na frente e outra atrás. Clóvis armou, e acho que se deu mal. Agora viramos adversários. E não tem para todos.

Jonas se levanta e, enquanto olha pela janela o movimento no pátio externo da fábrica, murmura:

– Que pena, Clóvis. Você fez uma péssima escolha.

NO BREU DA NOITE

Marta deixa vários recados na empresa e na caixa postal eletrônica na casa de Jonas, sem sucesso. Ele está sempre em reunião, atarefado, tentando resolver os problemas com a produção, os ajustes nos planejamentos fiscal e tributário, a recomposição dos orçamentos, além dos novos planos de investimentos. Os resultados aumentaram, mas também os problemas, agora, de toda ordem.

No fundo, Jonas evita conversar com Marta. Não está disposto a ouvir aquele discurso poético, como se uma empresa fosse um santuário. Está bem, o mundo não é uma *arena de guerra*, como ele acreditava (ou será que ainda acredita?), mas certamente é uma *mina de recursos esgotáveis*. A prova está aí: enquanto sua empresa cresce, a do concorrente agoniza. Ou um, ou outro. "Antes ele do que eu!", pensa, aliviado. "Hilário tem razão. Anita e Marta estão equivocadas. No fundo, quem diria, o Escobar foi o salvador da pátria. Escobar não é uma dona de casa, é um homem de negócios experiente e pragmático. Olha o mundo com olhos de realidade. Marta é o contrário. Vê um mundo que não existe e não conhece."

Jonas estatela-se na poltrona da sala. Está sem tempo até para assistir aos filmes de ação. Na mesa de centro, uma bagunça. Liga a TV e deixa os canais se alternarem sob o comando do controle remoto em suas mãos. As informações são despejadas em sua mente atribulada. Está trabalhando muito, como nos tempos em que fundou a Dédalo. Parece esconder-se atrás do trabalho. É como um entorpecimento! Sente, no entanto, que necessita dessa adrenalina. Não quer, novamente, prostrar-se em casa, acuado, enquanto a Dédalo se consome a cada dia. Ainda bem que os resultados são bons e Adolfo controla tudo e todos com mão de ferro.

A Dédalo está longe de ser um bom ambiente de trabalho. Mas e daí? Onde é que existem bons ambientes de trabalho? A empresa em que Hilário trabalha já despontou várias vezes no rol das mais importantes e admiradas, mas não passa de uma grande peça de teatro. O problema é que a velocidade do mercado imprime nas empresas um ritmo sobre-humano. É preciso desenvolver novas habilidades para lidar com esse ritmo alucinante.

– Bem-vindo ao novo mundo! – brada Jonas para as paredes.

Horas tardias. Os pensamentos se perdem no breu da noite. O silêncio acentua o zunido das cigarras lá fora.

Muitas são as noites, todas longas. A solidão, imensa; o vazio, infindo.

ALMA PERDIDA

Adolfo entra resfolegando na sala de Jonas.

– Recebi um e-mail da empresa do Saguate que determina novas condições de fornecimento.

– E daí?

– Daí que, se tivermos que fornecer nessas condições, não cobriremos nossos custos. Operaremos com prejuízo.

– De jeito nenhum! – Jonas se encaminha para a porta. – Rose, chame o Escobar imediatamente.

Escobar entra, sempre com ar impassível.

– Escobar, o Saguate apresenta algum motivo para essa mudança abrupta das condições?

– A correspondência veio em forma de decisão. Não há nenhuma explicação.

– E você não argumentou com ele? Rose, ligue agora mesmo para Saguate.

– A secretária do senhor Saguate diz que ele está em viagem de negócios, fora do país.

– Escobar, retenha os pedidos até que consigamos falar com Saguate. Faça contato com outros dirigentes da empresa, tente buscar alguma justificativa para essa determinação. Rose, convoque uma reunião de emergência com o pessoal da área comercial. Vamos avaliar outras alternativas.

Adolfo e Escobar saem. Jonas pensa na figura afável do Saguate. Não é possível que ele esteja mal-intencionado. Escobar não apresentaria alguém em quem não se pode confiar. Deve estar havendo algum mal-entendido. Enquanto isso, algo de novo. Faz tempo que ele não conversa com os remanescentes da equipe da área comercial, desde a época da Operação Criatividade.

– Senhor Jonas, consegui reunir algumas pessoas da área comercial na sala de reuniões.

– Obrigado, Rose – diz ele, dirigindo-se imediatamente para lá.

Os rostos contraídos e sisudos denunciam o ressentimento guardado no coração. A produção é destinada prioritariamente para o

Saguate e a outra parte para as vendas especiais de Escobar. A equipe interna fica com as sobras e, ainda assim, disputa com as condições imbatíveis de Saguate. Suas vendas foram reduzidas e, com isso, as comissões despencaram. A imagem da Dédalo está chamuscada no mercado e os clientes só compram dela como última alternativa. A equipe perdeu seu principal líder, Clóvis, que hoje atua como concorrente, na empresa rival.

– Não temos força para colocar essa produção no mercado – diz um deles.

– Saguate fechou o mercado, ele faz e desfaz como bem quer – acrescenta outro.

– Nosso relacionamento com o mercado está comprometido, bem como a relação de confiança com os clientes.

– A verdade é que fomos abandonados. Sem liderança, sem objetivos, sem estratégias. Alguns colegas saíram para trabalhar com Clóvis.

– Nossa expectativa é saber quem será o próximo – admite outro, desconsolado.

A Dédalo perdeu a sua alma. A intriga corre solta e se alastra pelo mercado. Sem força de vendas, a relação com a equipe interna está deteriorada, assim como o relacionamento com os clientes. Jonas conclui que nada mais resta além de fornecer para a empresa de Saguate, ainda que em condições deficitárias, apenas para manter o fluxo de caixa e saldar os compromissos assumidos com os novos investimentos e outros credores. Enquanto isso, Saguate deve retornar do exterior e será chamado para uma boa conversa. Aí, sim, o mal-entendido poderá ser esclarecido.

JONAS E SEU LABIRINTO

Nessa noite, Jonas resolve assistir a alguns filmes. Prevê um longo e árduo fim de semana. Escolhe meia dúzia de filmes, quase todos de aventura e ação. Nota que já havia assistido a alguns deles. Pretende relaxar. Banha-se sem perceber e come sem se dar conta disso.

Os filmes nem chegam ao fim. Jonas os substitui por outros, na ânsia de se fixar em algum. Nada prende sua atenção. Saguate não lhe sai da cabeça. Está irrequieto.

A mente faz uma viagem no tempo. Lembra-se de sua infância em uma pequena cidade do interior. Vida calma, pouco ambiciosa. Gostava muito de brincar no vasto quintal, mas começou a trabalhar cedo. A infância foi interrompida. Precisava completar a renda familiar, subtraída em dívidas infindáveis. Como se não bastasse, a bebida e as aventuras extraconjugais de seu pai tornavam a vida familiar um inferno.

A vinda para a cidade grande, ainda na adolescência, foi um misto de libertação e solidão. Era o fim dos costumeiros desarranjos familiares e o início de uma nova viagem cercada de medos por todos os lados: da rejeição, da inadequação, do fracasso, do desafio.

Em certa medida, os medos provocam. Em excesso, paralisam. Jonas olhava para os lados e não havia ninguém. Tudo dependia dele próprio. E assim prosseguiu: arranjou emprego, cumpriu o ciclo escolar médio, entrou na universidade.

Sempre suspeitou da felicidade conjugal. Casou-se duas vezes, mas não chegou a ser feliz. Na verdade, nunca se entregou por completo. O fantasma das desavenças de seus pais sempre esteve à espreita. Tinha pavor dos conflitos conjugais e, com isso, não assumia os riscos do compromisso e do relacionamento. No fundo, temia a intimidade tanto quanto o confronto. Ganhou a solidão como companheira.

O único risco que estava disposto a assumir era o do progresso profissional. Queria prosperar a qualquer custo. Trabalhou por

8 anos como empregado em uma única empresa, onde exerceu várias funções. Foi bem-sucedido em todas. Resolveu, ao término da faculdade, empreender seu próprio negócio. Ao contrário de seu pai, Jonas tinha pavor de dívidas. Moderado, nunca deu um passo maior que as pernas. Daí a angústia que lhe causava o estremecimento financeiro da Dédalo.

A maior parte de sua vida foi entregue ao trabalho. Hoje, o sentimento é de tempo perdido. A Dédalo está novamente ameaçada. Jonas tenta compreender o que aconteceu. Tudo parecia ir bem: os ensinamentos de Marta e Anita, o envolvimento da equipe, a melhora dos resultados, a mudança em suas crenças, o novo estilo de liderança. De repente, jogara tudo por água abaixo. Mordera a isca!

Perambula pela casa a esmo. Pressente que a noite será longa. Desiste dos filmes. A mente está confusa, em conflito. Decide retornar aos tranquilizantes para dormir.

Acorda ouvindo vozes do lado de fora. Lá está o *Estraga-prazeres* com sua turma. Estão agressivos, hostis. Não é para menos. Agora compreende por que procuravam as melhores forquilhas: para fazer estilingues e matar passarinhos. Estão competindo para ver quem consegue matar mais. A cada tiro, um canto a menos.

Jonas se irrita, os pensamentos em profusão, como uma revoada de pássaros. Percebe a armadilha em que caiu. Sente-se tolo e ingênuo. Como pôde se deixar enganar? Qual é o nome da isca que o fisgou? O castelo de cartas desabou, seus alicerces eram frágeis.

A Dédalo está refém de Saguate. Tudo indica que o acordo faz parte de um plano maior. O principal objetivo dele, percebe agora, é adquirir a Dédalo a preço de banana. Ainda assim, não pode suspender as vendas. É como andar de bicicleta: é preciso continuar pedalando para não se estatelar no chão.

A mente de Jonas é atormentada por quatro demônios terríveis: a dúvida, a desconfiança, a culpa e o medo. Anda de um lado para outro. Lembra-se do livro que Marta lhe deu. Onde está?

Vasculha armários e gavetas. É como se buscasse a solução em alguma coisa ou lugar. Senta-se, cansado. Acende um cigarro. A fumaça o incomoda. Apaga-o. Levanta-se e anda pela sala. Sente raiva e angústia. Está perdido no próprio labirinto. Para diante do pequeno oratório, onde repousa outro livro, esquecido. As páginas amareladas continuam intactas, como sua última esposa as deixou, antes de partir.

Jonas lê um trecho da página em que o livro está aberto.

Tornou o diabo a levá-lo, agora, para um monte muito alto. E mostrou-lhe todos os reinos do mundo com o seu esplendor e disse- -lhe: "Tudo isto te darei se, prostrado, me adorares".

Lê, transtornado. Preferira a porta larga, as facilidades. Pensara nas recompensas. Deixou-se vencer pelo medo. Sente uma dor profunda, um grande arrependimento.

Aí Jesus lhe disse:
"Vai-te, Satanás, porque está escrito: ao Senhor teu Deus adorarás e a Ele só prestarás culto".

O coração se acelera. Sente um nó na garganta, os olhos rasos d'água. Ali, sozinho, Jonas se abandona ao sofrimento. Ah, se pudesse voltar atrás como num passe de mágica. Arrependido, o homem de pedra dá lugar ao homem de água. No primeiro dia, lágrimas amargas que se transformam em um mar de revolta. No terceiro, lágrimas doces que correm como água brotando de uma fonte mansa.

Com isso, o diabo o deixou. E os anjos de Deus se aproximaram e puseram-se a servi-Lo.

ESPAÇO DE SOLIDARIEDADE

O OUTONO DE UMA NOVA VIDA

Não temas que a vida tenha um fim;
teme que ela nunca tenha um começo.
CARDEAL NEWMAN

– Que bom que você veio. Estava com saudades, querida amiga. Hilário não quis caminhar nessa manhã gostosa de outono?

– Disse que não perderia por nada nesse mundo a corrida da Fórmula 1. Nem estava disposto a ver cachorros puxando seus donos de estimação. Mandou um abraço.

– E as crianças, como estão?

– Crescidas e mais independentes. Isso tem me permitido fazer uma série de outras coisas. Tenho participado de conferências e simpósios empresariais, grupos de estudos e grupos de trabalho ligados a administração e negócios. Tenho conversado com muitos líderes e empresários. Cada dia é um novo aprendizado.

– Poxa! Está do jeito que você sempre quis. Parabéns!

Jonas sorri. Uma brisa leve desarranja os cabelos de Marta, que se alegra vendo gansos furiosos correndo atrás de marmanjos curiosos. Crianças brincam no gramado. Babás empurram carrinhos de bebê.

– Continuo contribuindo e aprendendo com Anita. Sua rede de restaurantes cresce a cada dia, assim como o número de clientes fiéis – diz Marta, apreciando o remanso das águas. – E você?

– Volto ao trabalho na segunda-feira.

– Liguei à sua procura, soube que andou afastado. Sei que a Dédalo está passando por uma fase difícil.

Jonas diminui o passo para conversar melhor.

– Li aquele livro que você me deu, finalmente. Só agora compreendi o que é "ciclo da sobrevivência" e "ciclo da prosperidade" e a ponte que existe entre ambos. Percebi o que você e Anita tentaram me ensinar.

– Que bom! Pensei que tudo tinha ficado no esquecimento.

– Marta, eu não estava preparado para entender o que você queria me dizer. Consegui compreender que moldamos a empresa conforme a visão que temos do mundo, do mercado, das pessoas. É isso?

– É isso. Cada um vai liderar com os olhos que possui. Olhos cinzentos enxergarão um mundo escuro, ameaçador, arriscado. Olhos coloridos enxergarão um mundo arco-íris ou furta-cor, repleto de cores de vários matizes.

– Por isso o mercado é como um *oásis no deserto* – relembra Jonas. – É uma maneira de vê-lo como um lugar de oportunidade.

– E de instigar a curiosidade, na esperança de que ela tome o lugar do medo.

– Daí o exercício de desbravar territórios, desvendar mistérios e descobrir segredos.

– E de um sonho que atraia e uma bússola que oriente, lembra-se? – recapitula Marta.

– Sim. Há também a visão do mercado como um *ponto de encontro*. Para se conectar com ele é preciso compreendê-lo e compreender-se. Para compreender o mercado, porém, é necessário estar inserido nele.

– É muito difícil compreender o mercado trancado em uma sala lendo relatórios, examinando estatísticas e batucando um teclado de computador. O mercado é vivo e dinâmico. Para viver nesse mundo é preciso foco e competência – frisa Marta.

– E, por fim, a visão do mercado como um *ateliê de arte*. É o mundo como um espaço aberto à imaginação e à inovação – Jonas dá mostras de ser um bom aprendiz. – É preciso fé e inspiração para contar essa história. – Marta escuta, admirada. – *Arena de guerra, mina de recursos esgotáveis, oásis no deserto, ponto de encontro, ateliê de arte...* Isso tudo é apenas uma questão de escolha?

– Jonas, o líder molda a empresa conforme sua percepção da realidade. A percepção decorre do que pensamos. O que pensamos depende do que procuramos, e procuramos aquilo em que acreditamos. Nossas crenças, portanto, definem nossas percepções.

Somos capazes de enxergar o que tomamos por verdadeiro. E essa é, então, nossa realidade.

– Ufa!

– Nós vamos buscar e valorizar os guerreiros se entendermos que o mercado é uma *arena de guerra*. Vamos preferir jogadores aventureiros se enxergarmos o mercado como uma *mina de recursos esgotáveis*. Optaremos por curiosos se compreendermos o mercado como um *oásis no deserto*. Prepararemos peritos se desejarmos conectar-nos com o mercado, ao vê-lo como um *ponto de encontro*. E transformaremos os colaboradores em artistas se o mercado for visto como um *ateliê de arte*.

– Esse é o maior desafio, Marta?

– Ainda não, mas, para isso, você terá de estar preparado. Terá de abrir mão de muitas coisas, desapegar-se, despossuir.

– Vou escutá-la, pois quero realmente ouvir o que você tem a dizer – diz Jonas, tirando o maço de cigarros do bolso da camisa.

– Jonas, se você quer ingressar para valer no ciclo da prosperidade, suspenda todas as ações que não apoiam a vida, que não são construtivas ou íntegras. Não é a vida que estraga a gente, Jonas. Somos nós que estragamos a vida. De uma vez por todas, amigo, comece a respeitar sua vida!

Jonas desiste de acender o cigarro. Marta continua:

– O tempo é uma preciosidade. É importante escolher o que fazer com ele. O tempo é a matéria-prima da vida. Jonas, aprenda a fazer melhor uso de seu tempo. – Marta é contundente, e sua fala, incisiva. – Outra coisa, fuja das más companhias e comece a andar com pessoas com quem você possa trocar ideias e sentimentos. E pare de se esconder e de se afastar de seus clientes, funcionários e amigos.

Jonas ouve em silêncio. Marta respira fundo e continua:

– De nada adianta ignorar os medos, como se não existissem. Lembra-se dos fantasmas da infância? Bastava colocar o dedo neles que desapareciam. Temos de fazer o mesmo com nossos medos. Ter consciência dos medos é o primeiro passo para vencê-los. Enquanto escondemos nossos medos, nossa luz não brilha.

Marta olha para o céu e volta-se para o amigo

– Jonas, se encontrarmos nossa luz, encontraremos também nossa paz. E aí toda essa violência, essa *arena de guerra*, essa competição desenfreada estarão resolvidas, ao menos para cada um de nós. A paz que procuramos não vem do sono, mas do despertar.

Jonas ouve com humildade e concorda com a cabeça, aceitando as palavras de Marta.

– Em troca, comece a sonhar, a descobrir suas paixões, seus talentos, sua criatividade – diz Marta, olhando-o nos olhos.

Atento, ele bebe cada palavra.

– Pare de se corromper, de se esquivar, de se omitir, de mentir. Comece a dizer a verdade, a ser autêntico, a fazer escolhas responsáveis. Seja você mesmo, tome partido. Faça um acerto de contas consigo mesmo. Saia de cima do muro!

Jonas diminui o passo. É isso! Esteve em cima do muro esse tempo todo. Não assumiu para valer a transformação da Dédalo. Quis os resultados, mas não assumiu o processo que o levava até eles.

– Não há mudança em que só existam ganhos. Para ganhar, é preciso também perder. Aprenda a renunciar, Jonas. – Marta respira fundo e encara Jonas – A verdadeira travessia não consiste em sair do ciclo da sobrevivência, mas tirar o ciclo da sobrevivência de dentro da gente. Ela conclui, enxugando o suor da testa – O que conta é o compromisso. E não se pode estar mais ou menos comprometido.

Eles ficam em silêncio por um momento, olhos nos olhos. Marta se despede. Jonas joga o maço de cigarros no lixo. Aquela havia sido a mais importante caminhada de sua vida.

O CÉREBRO RÉPTIL

O dia só amanhece para
quem está acordado.
HENRY DAVID THOREAU

Há mais de uma semana Jonas não aparece na Dédalo, sob o pretexto de ter adoecido. Na verdade, quis tempo para refletir e se recompor. A empresa, sob a batuta de Adolfo, ressente-se do seu estilo autoritário. As reações são as mais diversas: faltas, atrasos, desperdício, retrabalho, queda nos níveis de produtividade e qualidade. Tudo isso acentua ainda mais os prejuízos provocados pelas condições leoninas impostas por Saguate.

Enquanto a empresa sucumbe, Adolfo cumpre a rotina diária. Como bom xerife, controla os materiais e o tempo da mão de obra, contabiliza os prejuízos e gera relatórios.

Jonas está convencido de que controlar o placar não garante vitórias e de que os números pouco valem quando a alma e a mente da empresa estão ausentes. Está convencido, também, de que não se obtém resultados perseguindo resultados. O lucro é sempre o subproduto, nunca o objetivo principal.

Acreditar que o objetivo da empresa é fazer dinheiro é como dizer que o objetivo do corpo humano é fazer o sangue circular. Ninguém existe para fazer o sangue circular. O ser humano deseja uma vida com significado. É assim também com esse organismo vivo chamado empresa. Faltam à Dédalo um objetivo maior, um propósito, uma causa e também um líder.

Todos os esforços e atenções estiveram sempre na inglória luta pela sobrevivência, na busca desenfreada por resultados financeiros. Atuaram como fantasmas famintos, como credores exigentes do mundo, e não o contrário.

Antes, Jonas via o mercado como uma *arena de guerra*. Nesse ambiente perigoso e ameaçador, era preciso lutar ou fugir. Quando se está cercado de ameaças, sobreviver é uma alta aspiração. Para sobreviver, foram necessárias armas e munições. Quando o mercado é visto dessa maneira, o medo está no comando das decisões e orienta as ações. Tudo é feito para diminuir o tamanho do perigo. Tudo é feito para sobreviver, proteger e manter o que se conquistou.

Depois Jonas evoluiu para um segundo desafio. Passou a ver o mercado como uma *mina de recursos esgotáveis*. A visão de escassez continuou prevalecendo e a precariedade tomou conta dos pensamentos. Diante disso, restava competir com unhas e dentes. Para que alguém ganhe, alguém tem de perder. É como dizia Gandhi: "Olho por olho, e no futuro estaremos todos cegos". Essa é a lei da competição, a lei do mais forte, uma disputa predatória que exibe o poder e a força, em detrimento e menosprezo das necessidades alheias. Nesse duelo vale tudo: desonestidade, corrupção, manipulação. Essas são as manhas e as artimanhas.

Pensar em vitória como objetivo principal faz com que as pessoas vejam os outros como competidores ou como ameaça às suas pretensões. O fracasso dos outros se transforma em uma de suas metas, velada ou declarada. Numa situação competitiva, só pode haver vencedores e perdedores.

Quem se dispõe a ser um vencedor descobre que tem de enfrentar todos os outros. A vitória é a queda dos outros. Vê-se adversários por todos os lados. Acredita-se estar cercado de pessoas desonestas e mentirosas. Para contra-atacar, é também forçado a mentir e trapacear para não ser explorado. Torna-se tenso, preocupado e estressado.

O medo gera confusão. E por trás dele estão a ganância, a violação da ética, a falta de sensibilidade diante das necessidades dos outros, sejam funcionários, sejam clientes.

Jonas percebe que a Dédalo é o reflexo de seu modelo mental de líder e de sua maneira de enxergar o mercado, os negócios, o trabalho, as pessoas. Sente-se envergonhado e arrependido. Acumular coisas não é ser você mesmo, é ser as suas carências:

eu quero vencer, quero ter poder sobre outras pessoas, quero ditar as regras, quero deter o controle, quero fazer tudo a meu modo.

O que Jonas começa a compreender é que não existe crise econômico-financeira. A crise é sempre de outra natureza. Mais uma vez, doença dos olhos. E, quando os olhos estão doentes, o cérebro réptil é acionado.

O cérebro réptil precisa de inimigos! Está acostumado a isso. Se não há inimigos, a mente os produz. "Os inimigos invisíveis querem nos pegar!" Eis a mente cumprindo seu papel de alucinar. A mente, com seu núcleo persecutório, continua enxergando inimigos em todos os lugares. E isso cria a adrenalina necessária para pôr o cérebro réptil em movimento.

Na empresa, os inimigos tomam várias formas: concorrente predador, fornecedor ganancioso, governo voraz, funcionário desleal, cliente infiel, sempre oportunista e aproveitador. Inimigos imaginários não faltam!

Jonas pergunta: afinal, quem é o inimigo? A melhor resposta está no espelho, na auréola de ignorância e cegueira sobre a própria cabeça, na falsa compreensão de que o mundo é devedor, e não o contrário.

O cérebro réptil coloca o indivíduo na condição de criatura, e não de criador. Impede de enxergar dentro de si sua maior vocação, seu melhor talento, seus potenciais e inteligências.

O medo, que aciona o cérebro réptil, precisa dar lugar à paz de espírito, que ativa a consciência. É a criatura dando lugar ao criador. Mas a consciência só desperta quando existem propósito e integridade.

Jonas respira fundo. Há tempos não sentia o ar encher os pulmões. Sente-se vivo. Expira aliviado.

REFÉNS DA PRÓPRIA CONSCIÊNCIA

Siga o seu contentamento.
JOSEPH CAMPBELL

Jonas estaciona o carro. Observa o movimento no pátio. Havia se tornado um viciado em preocupação, controle, excesso de comando e falta de fé. Prisioneiro da vaidade, ambicionava ser uma grande liderança empresarial. Na verdade, não passava de um simples piloto de fluxo de caixa, perseguidor das diretrizes orçamentárias. E era o que fazia sessenta horas por semana.

Jonas estivera engaiolado esse tempo todo. Agora precisa voar e fazer a Dédalo voar junto! Resolve caminhar pelas dependências da fábrica como há muito tempo não fazia.

Encontra um ambiente triste, de pessoas taciturnas, acabrunhadas. Dá-se conta do quanto esteve ausente. O que sabe sobre elas? Quem são? Trabalham como autômatos. Por onde andam suas almas? Decerto a deixaram em casa, na guarita, em algum lugar mais acolhedor.

A empresa só requisita os corpos, a mão de obra. Esses estão aí, cumprindo a carga horária contratada. A melhor parte não vem para o trabalho: os pensamentos, os sentimentos, os valores. E, quando as pessoas não estão inteiras, não oferecem o melhor de si mesmas. Daí a incoerência e a falta de verdade.

Viver com integridade significa descobrir quem você é e ser a mesma pessoa o tempo todo. Está aí o maior desafio humano: ser íntegro, mais que ser perfeito. O ser íntegro é, provavelmente, o tipo de pessoa que Deus tinha em mente quando criou a espécie humana.

Como ter pessoas íntegras em uma empresa que não vive a sua integridade? Jonas aprendeu com Marta uma citação do filósofo Kant: "A fonte da integridade é nunca fazer do outro um meio". Ele olha para os lados e observa que as pessoas são apenas uma extensão das máquinas. Tratadas dessa maneira, é impossível enxergar a beleza que existe em cada uma delas.

Um ambiente de trabalho em que existe confiança é mais rico, mais flexível e mais inovador do que aqueles que vivem dominados pela desconfiança. As pessoas que confiam umas nas outras de modo autêntico vivem num mundo mais vibrante e aventureiro. A confiança não requer acordo. Implica importar-se com o outro, integralmente.

Confiança mútua! A confiança nas pessoas as modifica para melhor. Pessoas melhores constroem empresas melhores. Uma vez que as pessoas embarcam em um relacionamento de confiança, têm muito mais com o que trabalhar e pensar. Isso tudo é integridade!

A Dédalo tem de se transformar em uma empresa integral, total, inteira, de corpo, mente e alma. Para isso, deve começar agora a viver de maneira coerente. Precisa substituir o controle pela confiança. Trocar o *domínio* do mundo pelo *mistério* da vida.

Jonas parece tomado de uma estranha coragem. Sobe a escada que dá acesso ao escritório a passos largos.

– Bom dia, Rose.

– Senhor Jonas, que bom que está de volta!

A frase é polida, mas falta vibração e energia na voz de Rose. Ela parece viver um martírio, um tipo de autocompadecimento.

– Alegria, Rose! Você está viva!

Rose dá um sorriso tímido. Não se lembra da última vez que Jonas a olhou nos olhos com interesse e atenção.

– Rose – diz Jonas, olhando-a de frente, com a mão sobre seu ombro –, vamos começar uma nova vida na Dédalo. Chame o Adolfo.

O casmurro Adolfo entra na sala com seus relatórios e o notebook.

– Bom revê-lo, Jonas. Os problemas estão se agravando a cada dia – desabafa, enquanto instala e liga o computador.

– Sei disso. Se preferir, desligue o computador. Não vamos precisar dele nem dos relatórios.

– O que faremos? – pergunta Adolfo atônito.

– Suspenda imediatamente qualquer tipo de negócio com Saguate.

– Como? Ruim com ele, pior sem ele.

– Se nos metemos em um buraco, o melhor que devemos fazer é deixar de cavar.

– Saguate é quem dá as cartas no nosso mercado – completa Adolfo, para lembrar ao chefe quem está no comando.

– Adolfo, não podemos continuar endossando um tipo de negócio que macula nossa imagem e integridade.

– O que é isso, Jonas? Moral e ética são discursos bons para utilizar em casa, com os filhos. Nos negócios esses conceitos têm outra elasticidade.

– Temos sido reféns do tipo de consciência que criamos na Dédalo. Estamos, hoje, bebendo do próprio veneno. Não podemos mais prosseguir nesse caminho. As dificuldades são muitas, mas a Dédalo ainda tem salvação.

– Jonas, examine os números – diz Adolfo estendendo um relatório.

– Adolfo, o que aprendi nesses dias é que administração não é um assunto técnico. É um assunto existencial. O problema da Dédalo é meu problema e também seu problema. A Dédalo é a nossa cara. Nós é que precisamos nos tratar.

– O que você está querendo dizer?!

– Reúna o máximo de pessoas no refeitório. Instale microfone e som. Quero conversar com todos os funcionários. Farei o mesmo nos outros turnos.

FELIZES OS QUE ACREDITAM

– Que bom estar aqui com vocês – começa Jonas, sereno.

Seu semblante, diferentemente de outras vezes, não passa ansiedade nem apreensão.

– Não conheço muitos de vocês e é possível que alguns também não me conheçam. Sou Jonas, fundador e diretor-geral da Dédalo.

Ruído no recinto. As pessoas estão reunidas mais pelo receio das punições de Adolfo do que pelo interesse em ouvir o discurso de Jonas.

– Sei que vocês estão preocupados, assustados com o futuro, com medo de perder o emprego. De fato, estamos passando por uma situação muito difícil – Jonas consegue conquistar alguns ouvidos atentos. – Antes de tudo, gostaria de dizer a vocês que errei. Errei como empresário e como líder.

Novas adesões. Alguns o escutam com atenção, a maioria está indiferente.

– Os problemas da Dédalo foram criados por mim, pelo meu estilo de liderança, pelas minhas decisões e, principalmente, pela maneira de compreender a realidade. Meus olhos míopes não conseguiam enxergar a grandeza que existe em cada um de vocês. Lamento muito.

O barulho vai aos poucos dando lugar ao silêncio.

– Não conseguia enxergar a abundância de oportunidades que existe no mundo. Com isso, me fiz prisioneiro. E mais, fiz também vocês prisioneiros. Preferi prendê-los em uma gaiola, só para deixar claro quem é que manda aqui. Mas o carcereiro é tão cativo quanto o prisioneiro

Sorrisos contidos. Jonas conquista aos poucos a atenção.

– Nesse tempo todo, fiz uma inversão nos valores. Coloquei o lucro em primeiro lugar, a integridade em último. E tinha um discurso consistente para justificar essa preferência. Afinal, precisávamos garantir a sobrevivência. Ironicamente, o que conseguimos nesse tempo todo foi *apenas* sobreviver.

Jonas prossegue com a voz embargada:

– Quando as atenções estão na direção errada, cometemos deslizes quase sempre justificáveis. Mas aprendi, a duras penas, que o resultado financeiro não vale o sacrifício da integridade. E aprendi também que o lucro é como a felicidade. Só o obtemos por vias indiretas, nunca por vias diretas, a não ser abrindo mão da nossa integridade.

O ambiente está mais acolhedor e as pessoas, mais receptivas.

– Muitas vezes as oportunidades batem à nossa porta, mas estamos tão atarefados e atarantados procurando um trevo de quatro folhas no quintal que não lhes damos importância.

Alguns sorriem com a comparação. Jonas prossegue, agora, com mais vigor:

– O lucro nunca deve ser o principal propósito de uma empresa. A Dédalo precisa de um propósito maior, algo que nos dê um sentimento de orgulho e nos faça entregar voluntariamente parte do nosso tempo, dos nossos esforços, da nossa criatividade. Algo que tenha significado para todos nós, caso contrário mergulharemos numa selva de afazeres que só nos faz gastar nosso tempo e nossa vida.

Aplausos tímidos se confundem com alguns resmungos. Jonas fala com firmeza:

– A partir dos cacos que restaram, quero construir uma nova empresa. Vocês têm todo o direito de desconfiar de mim e rejeitar minha proposta. A partir de hoje, quero uma empresa de que vocês possam se orgulhar e que seja admirada pelos clientes, e que atraia os melhores fornecedores e investidores. Quem está comigo nessa?

Menos de um décimo levanta a mão.

– Preciso de ajuda. Não vou conseguir fazer isso sozinho. Preciso de um voto de confiança de vocês. Tenho certeza de que todos aprenderemos muito nesse processo.

Mais alguns levantam a mão.

– Também estou perdido. Mas podemos nos ajudar. Isso nos ajudará a encontrar o rumo certo. Nós construiremos uma nova Dédalo, e essa Dédalo nos transformará em pessoas melhores.

Pouco mais da metade dos presentes adere. Jonas encerra sua fala:

– Obrigado! Felizes os que acreditam. Vamos adiante!

UMA PEDRA NO CAMINHO

No meio do caminho tinha uma pedra,
tinha uma pedra no meio do caminho.
CARLOS DRUMMOND DE ANDRADE

Algo aconteceu com a Dédalo nesse mesmo dia. De repente o ambiente ficou leve e sereno. Os fantasmas foram afugentados. Os semblantes carregados deram lugar a sorrisos descontraídos. Em vez de testas franzidas, um discreto brilho nos olhos. As intrigas sucumbiram diante da força que havia nas palavras do principal líder da empresa.

Jonas foi capaz de evocar a alma da empresa, e a Dédalo vivia um milagre. O milagre da comunhão! Isso é apenas o começo. Jonas tem consciência da fragilidade da empresa. Precisa reunir outra comunidade: os clientes, que estão ressentidos com o desprezo e o pouco-caso, principalmente nos últimos meses. É preciso vencer, antes de tudo, as reações dos próprios vendedores.

Com muitas dificuldades, eles conseguiram reunir um pequeno número de clientes no primeiro dia, um número um pouco maior no dia seguinte e, assim, sucessivamente, durante toda a semana.

Era o início de um diálogo e de muitas reclamações, conflitos e ressentimentos. Os clientes sentiam-se ora abandonados, ora explorados. Jonas teve de usar toda a sua paciência para render-se à evidência dos fatos. Foram momentos difíceis, mas de grande aprendizado.

Ele se lembra da conversa com Marta e Anita sobre o fim do "quaisquerismo" e o estreitamento da relação com os clientes. Promove grupos de "conexão com o cliente", ou seja, grupos de funcionários que se dedicam a atender com exclusividade determinados clientes. Desestimula, de maneira cortês, o atendimento de clientes que não pertencem ao foco. Cuida de desligá-los pessoalmente. A Dédalo precisa escoar a produção, mas não quer fazer isso pensando apenas nos resultados de curto prazo. Seu objetivo é desenvolver uma comunidade de clientes com quem possa conversar para identificar e resolver seus problemas.

Jonas participa de algumas reuniões com os grupos de "conexão com o cliente". Está de olho nos líderes emergentes. Promove, depois de alguns dias, um novo grupo de líderes a partir dos talentos internos. Está surpreso com a abundância de inteligências e competências espalhadas pela empresa. Jamais se dera conta disso. Sem dúvida, era um tesouro escondido, agora recuperado.

Reúne-se com as lideranças semanalmente para ajustar o foco, repensar as competências que precisam ser aprimoradas ou desenvolvidas e também eleger diferenciais que cativem e fidelizem os clientes.

Finalmente, a Dédalo está em busca de um propósito. Algo maior do que a mera sobrevivência e a troca de mercadoria por dinheiro.

Todos esses movimentos, no entanto, não dão conta de escoar a produção e gerar lucros. A empresa continua operando abaixo do ponto de equilíbrio. Se permanecer assim, terá de fazer cortes, o que jogaria por terra todo o processo de recuperação. Afinal, os funcionários decidiram lhe dar um voto de confiança. A suscetibilidade é elevada. O relacionamento de Jonas com a equipe ainda não está sedimentado.

Enquanto pensa em alternativas, Adolfo entra em sua sala e diz:

– Os estoques estão abarrotados. Estamos novamente consumindo nossas reservas. Recebi um e-mail do Saguate, flexibilizando as condições de compra. Parece que ele está sensível à nossa situação. Falei com o Escobar. Ele acha que devemos aceitar imediatamente.

– Adolfo, você é como uma pedra no caminho. Pois vou repetir: nossa relação com ele está encerrada. Nossa integridade não está em discussão.

– Mas não vejo graça em ir para o beleléu com toda a integridade.

– Encontraremos alguma alternativa, Adolfo. Pense em abundância, pense em prosperidade.

– Não podemos esperar milagres. Conhece aquele provérbio árabe: "Confie no Senhor, mas amarre o seu camelo"? Pois bem.

– Não estamos parados, Adolfo, estamos em movimento. As portas se abrirão na hora certa.

LUZ E PAIXÃO

Andei por esta terra durante 30 anos e,
por gratidão, quero deixar alguma lembrança.
VINCENT VAN GOGH

– Você sumiu, por onde andou? – É visível a alegria de Anita ao rever Jonas.

– Estive lutando contra os meus fantasmas – diz ele, sorrindo, e se acomoda em sua mesa preferida, ao lado de Marta. – Anita, você tem medo de alguma coisa?

– Meu grande medo é desperdiçar a vida sem nada contribuir – responde ela, sem titubear. – A única coisa que ninguém pode nos tirar, nem mesmo a morte, é aquilo que fizemos de bom. Por isso, quando pensar em seu propósito, Jonas, pense em deixar um legado, uma história de solidariedade.

– Anita, admiro muito o modo como você administra seu negócio – confessa Jonas.

– É que, para mim, o negócio é uma maneira de contribuir com o mundo. A vida já me deu muito. Não estou em crédito com o mundo, ao contrário. Quem se sente credor vive padecendo. Eu sinto que devo à vida aquilo que ela me deu, ela própria.

Jonas se lembra da história de Anita, desenganada pelos médicos na infância. Ela é uma prova do que a vida é capaz.

– Eu me descobri através do serviço, das minhas contribuições ao bem-estar dos outros, do meu trabalho – continua Anita. – Descobri também que a felicidade não vem por meio da satisfação das nossas carências, mas, sim, a partir do que fazemos de bom para os outros.

– Anita vê o mercado como um *espaço de solidariedade*, Jonas – explica Marta.

Jonas franze a testa, sem compreender.

– Mas Anita, e os apertos financeiros, como você lida com eles?

– Jonas, uma pessoa pode gastar seus dias tentando caçar borboletas. Outra, enquanto cuida do seu jardim, alegra-se com a borboleta que pousa no seu ombro.

– Entendi. Você quer dizer que precisamos estar imbuídos da atitude de servir. Daí os resultados aparecem.

– Os resultados são consequência de bons serviços. E é por meio do trabalho que oferecemos nossas contribuições e nossos talentos. Isso faz parte da natureza humana. É ela que exige que sejamos prestativos, atenciosos e generosos. Colocar-se a serviço faz bem à saúde.

– *Servir* é o grande desafio, ao contrário de lutar, fugir ou competir – acrescenta Marta. – É preciso uma *luz* que faça nosso trabalho brilhar e muita *paixão* por ele.

– "Trabalhe e ame", essa é a máxima que Freud deixou para a humanidade – lembra Anita.

– Que é muito diferente de "trabalhe e gaste" – brinca Jonas. – Mas será que tenho a *luz* necessária para fazer a Dédalo brilhar?

– Ela já está em você, assim como está em mim, em Marta e em qualquer pessoa. Mas para que ela brilhe é preciso propósito e integridade. Sem propósito, não há renúncia. É necessário que algo maior justifique abrir mão de pequenas conquistas que só perpetuam a sobrevivência. Sem propósito, não há também significado. Temos de dar um sentido à vida, o significado é uma necessidade espiritual.

– E a paixão, onde entra nessa história?

– "Trabalhe e ame" traduz toda a paixão. Marta está se referindo ao amor. Amor demanda tempo, energia e dinheiro. Mas tudo o que não fazemos por amor é tempo perdido. Tudo o que fazemos por amor é vida em plenitude.

– Lembrei-me de uma frase do filósofo Khalil Gibran. Ele dizia que "o trabalho é o amor tornado visível" – cita Marta.

– Estamos falando de pleno interesse, intensa atenção – complementa Anita. – Comprometer-se de verdade. Quando existe compromisso, o amor aflora. É por isso que "o amor torna amado o amado".

– A magia é que, quando se faz algo com amor, o mercado responde com bondade – acrescenta Marta.

Jonas fica fascinado com a sabedoria de Marta e Anita.

– Jonas, o oposto do medo não é a coragem. O oposto do medo é o amor. Lembra-se da nossa sessão de arte culinária? O medo produz um caldo diferente do amor. Enquanto o medo produz adrenalina, o amor gera endorfina.

– O líder escolhe a química que deseja em sua empresa – completa Marta. – É isso que faz a verdadeira qualidade de vida no trabalho.

Jonas suspira. Sente-se privilegiado por receber ensinamentos tão sublimes de duas amigas encantadoras.

TEATRO DA IMPOTÊNCIA

O cérebro é um órgão maravilhoso;
começa a trabalhar quando acordamos de manhã
e só para quando chegamos à empresa.
ROBERT FROST

Hilário para no portão principal da empresa, cumprindo a norma. O segurança se aproxima com uma prancheta e anota seus dados: nome, departamento, número da matrícula no crachá, placa do carro. Ele aproveita para arrumar a gravata com a ajuda do espelho retrovisor. Todos os dias cumpre o mesmo ritual. O segurança nem ao menos sorri, parece que faz parte de suas atribuições manter a pose de mau.

Hilário está acostumado, não se aborrece com a recepção nada calorosa. Antes de chegar à sua sala, passa pela copa em busca de uma xícara de café. Dá um bom-dia à secretária e faz uma piadinha sem graça sobre seu brinco colorido. Conversas fúteis, apenas. Ela, por sua vez, está ali como uma guardiã da sua paz, criando as mais diversas barreiras para evitar a entrada de intrusos. Entenda-se por intrusos todos aqueles que ameaçam a lista de coisas a fazer do chefe – que se repete todos os dias.

Hilário está acostumado, não se dá conta de que essas coisas a fazer não cabem no tempo. Sente-se bem quando, no fim do dia, consegue riscar alguns itens. Feitos!

Na sala, há uma mesa grande e outra pequena para reuniões rápidas, cadeiras, computador, apetrechos sobre a mesa, um porta-retratos com Marta e os filhos, uma estante com livros que não leu. Na parede, alfinetes preenchem a gravura com o mapa do território brasileiro. Ao lado, uma grande foto com a vista aérea da empresa, em que aparecem os telhados dos três galpões que formam o complexo industrial dessa divisão onde ele trabalha.

Ao olhar sua sala, lembra-se de uma daquelas perguntas capciosas de Marta: "Se você precisasse de um lugar que o inspirasse a criar a grande obra de sua vida, para onde iria?". Certamente, sua sala de trabalho seria a última alternativa. Nada inspiradora, nada vibrante, nada instigadora. Ao contrário, é um local para cumprir a rotina e os afazeres. Está longe de ser uma usina de ideias. Parece uma sofisticada oficina de reparos.

Hilário está acostumado, nem ao menos se lembra de que é capaz de imaginar e criar. Não percebe a roda-viva em que está metido.

Já leu as notícias gerais antes de sair de casa. Detém-se agora na leitura do jornal de negócios. Primeiro as taxas: de juros, de câmbio, de desemprego, do produto interno bruto. Depois as bolsas: de capitais, de mercadorias, de mercados futuros. Lista das fusões e incorporações. Lista das falências e concordatas.

Olha o relógio. É hora de responder aos e-mails. Pede mais um café à secretária. Acessa a caixa de entrada, sempre lotada, e prioriza as mensagens enviadas pelo superior. Passa boa parte da manhã respondendo ao chefe, aos colegas, aos subordinados, aos amigos (nessas, deleita-se com as mensagens de otimismo em prol de uma vida melhor).

Hilário está acostumado, não sabe discernir o que gera resultados efetivos para a organização. Acessa a intranet para se atualizar e saber o que está rolando. Navega pelos vários ícones, colhendo as informações de seu interesse.

A secretária faz a triagem das ligações telefônicas. Seu papel é resguardar a agenda do chefe para que ele possa cumprir essa rotina de maneira confortável. Também cuida de efetuar as ligações solicitadas por ele.

Hilário está acostumado. Mal sabe que grande parte do sucesso nos negócios está naqueles cinco minutos dedicados a ouvir com interesse e atenção o cliente interno ou externo. Mas ele não tem tempo para isso.

O dia transcorre entre reuniões para a solução de problemas clássicos representativos do teatro da impotência, como ele próprio costuma definir. A esse se juntam os teatros do medo, do lixo, das horas, da alienação, da norma. Presos ao ritual e à rotina, ele e os outros executivos se sentem impotentes, embora estejam disfarçados de ousados, arrojados, destemidos e proativos.

No teatro da impotência, Hilário aciona o piloto automático e deixa o dia passar. Destituído de poder, sua alma não está no trabalho. Ela o aguarda à noite na academia, ávida por anexar-se ao corpo e tentar ser plena, pelo menos uma hora por dia.

Hilário já está acostumado.

OPERAÇÃO EXCELÊNCIA

Não há grandes atos.
Há apenas pequenos atos realizados
com grande amor.
MADRE TERESA

A televisão está desligada. Jonas quer se concentrar na Operação Excelência, que vai mexer com a Dédalo de forma decisiva.

A Operação Excelência pretende colocar toda a empresa a serviço do mercado e, mais precisamente, do seu foco de atuação. A Dédalo sempre treinou os funcionários para a tarefa de vender, e não para criar um relacionamento com o cliente. Havia pouca autonomia, o controle vinha em primeiro lugar. Pior ainda: com o apoio de Adolfo, ele acreditava que a tecnologia resolveria boa parte dos problemas de atendimento. Estavam totalmente enganados. Nenhum sistema informatizado, por mais sofisticado que seja, substitui o relacionamento humano.

"Se o desafio está nos serviços com excelência", pensa Jonas, "então as empresas poderão confiar cada vez menos nos manuais de normas e instruções padronizadas". A confiança tem de ser depositada no colaborador, para que ele trabalhe com conhecimento e autonomia. Como diz Theodore Levitt, um dos papas do marketing: "Não existem indústrias de prestação de serviços. Há apenas indústrias nas quais o componente de prestação de serviços é mais ou menos importante do que em outras. Todos nós prestamos serviços".

O novo desafio da Dédalo não é apenas prestar um serviço, mas criar uma experiência inesquecível para o cliente. Na Operação Curiosidade, Jonas e sua equipe aprenderam que o cliente não quer ser tratado com hostilidade e desrespeito, nem com desinteresse e apatia, menos ainda com impessoalidade e frieza. Também não quer ser empurrado de um lugar para outro, nem ser atendido por um manual de normas, um computador ou uma voz gravada.

Jonas aprendeu que serviço é gente. Clientes e colaboradores querem ser plenos e felizes. Em primeiro lugar, são almas em busca de uma experiência significativa. Apenas em segundo lugar são empregados e consumidores.

Só agora Jonas percebe que excelência é uma palavra ausente do vocabulário das empresas que veem o mercado como uma *arena de guerra* ou uma *mina de recursos esgotáveis*. A vontade de bem servir é incompatível com a luta pela sobrevivência.

Jonas pensa num exemplo prático: uma loja de móveis ou eletrodomésticos que vive a *arena de guerra*. Ali, o vendedor, munido de sua arma favorita, uma calculadora financeira, logo oferece ao cliente um parcelamento sem acréscimo da compra. A preocupação está na venda, na meta do mês, na comissão.

Empresas e equipes que colocam todas as atenções sobre si mesmas, reflete Jonas, perdem o contato com as outras ao redor. Concentradas em suas preocupações, tornam-se distantes e nem percebem os problemas alheios. Geralmente os objetivos são autobeneficentes e os interesses dos clientes estão em segundo plano ou mesmo em terceiro, quarto... É assim que funciona o ciclo da sobrevivência, calcado na escassez.

Até pouco tempo atrás, Jonas acreditava que a pessoa que se fixa em si mesma ou em seus próprios interesses está mais bem preparada para cuidar de si, e que a empresa focada no lucro provavelmente fará grandes progressos e terá um futuro promissor. Sua experiência com a Dédalo mostrou que não é bem assim. Quem de fato tem muito mais condições de florescer com todo o esplendor é a pessoa – ou a empresa – capaz de ver além dos próprios interesses, por mais importantes que sejam. Amplia suas chances quem vê de forma sistêmica e contribui para o bem geral. Quem atua em benefício alheio atinge resultados além dos esperados. Esta é a mágica da excelência nos serviços. Está desvendado o mistério da prosperidade: ver o mercado como um *espaço de solidariedade*.

Nessa nova visão, ele imagina a abordagem do vendedor daquela mesma loja de móveis ou eletrodomésticos. Antes de dar qualquer informação financeira, ele se mostra preocupado com o problema do cliente. Quer saber o espaço que tem disponível em casa, o tamanho da família, faz perguntas sutis e interessadas sobre hábitos e *hobbies*. O vendedor sensível sabe que não está no ramo de móveis e eletrodomésticos atendendo pessoas, mas no ramo de pessoas oferecendo conforto e bem-estar. E isso faz toda a diferença.

Jonas constata que a excelência empresarial decorre da excelência humana, assim como o desempenho organizacional, do desempenho humano. É fruto do trabalho de pessoas que acreditam no que estão fazendo e querem mais do que ter algo para fazer. Querem fazer *algo* que tenha significado para elas. Essas são as pessoas de alto desempenho.

É impossível copiar a excelência alheia, conclui Jonas. Os motivos que a geram não são visíveis. Uma premissa básica para servir é estar incondicionalmente comprometido com o crescimento, o sucesso e o bem-estar dos outros. Agir com o coração é algo que não pode ser ensinado em um curso de atendimento ou de qualidade. Essa atitude só brota em terra fértil, adubada com valores virtuosos. As pessoas só dão o melhor de sua criatividade e inteligência se os valores em que acreditam foram plantados em solo rico e fértil e representam as condutas diárias. Não há como mascarar a ética. Ela existe ou não existe, não há meio-termo.

Uma empresa perde a credibilidade e qualquer chance de praticar a excelência quando seus líderes fazem belos discursos em defesa da integridade, ao mesmo tempo que enganam seus clientes. Por isso, as manhas e artimanhas produzem, no transcorrer do tempo, o efeito contrário.

O ingrediente mágico das equipes é a confiança, que se ganha com a verdade e a integridade. A excelência nos serviços tem relação direta com a excelência nos relacionamentos, a comunicação interna e as promessas que fazemos uns aos outros diariamente.

Nessa noite, Jonas vai para a cama com a alma em paz. Nada traz mais tranquilidade para a consciência do que ocupá-la com pensamentos que contribuam positivamente para o bem dos clientes, dos colaboradores e da equipe de trabalho.

Afinal, é isso que inspira a alma: bem servir ao próximo.

LIÇÕES DE INTEGRIDADE

Isso de querer
ser exatamente aquilo
que a gente é
ainda vai
nos levar além.
PAULO LEMINSKI

"A Operação Excelência não podia ter vindo em hora melhor", pensa Jonas, com alegria. Quando os caminhos parecem perder o significado e o estímulo, é hora de cultivar a capacidade de servir. Mas, para isso, é preciso um pacto da equipe.

Jonas promove uma série de atividades em grupo com o intuito de abrir uma ampla discussão sobre os valores de cada colaborador da Dédalo. Reconhece que o mercado está cada vez mais irracional e confuso. Somente os valores de uma equipe são capazes de minimizar essa confusão sem fim. E não é só isso. Os valores também trazem significado às ações. É o fim do trabalho sem causa.

Nas conversas com Marta e Anita, Jonas aprendeu que um grupo se transforma em equipe quando possui valores pactuados. As pessoas descobrem por que estão juntas, e isso melhora consideravelmente a qualidade dos relacionamentos.

Outro fator importante dos valores é que eles elevam o nível de consciência de uma equipe quando integram pensamentos e sentimentos aos comportamentos. Se as emoções negativas, como a frustração, o medo, a raiva e a tensão, fazem com que o sistema mente/corpo perca energia, valores como o amor, a compaixão, a estima e a verdade produzem efeito contrário.

A Dédalo montou grupos mistos para que funcionários das mais diversas áreas e qualificações pudessem, juntos, discutir seus principais valores. Os debates, acalorados e apaixonados, mostraram que cada um traz dentro de si uma luz especial, algo de sublime e sagrado. O valor no sentido econômico não consegue superar o valor moral e espiritual, intrínseco a cada ser humano.

Depois de alguns dias surgiu uma carta de valores escrita com a participação de todos os funcionários da Dédalo. Os valores emergiram da revelação, e não da deliberação. Por isso a carta de valores da Dédalo define verdadeiramente o tipo de comunidade que deseja ser.

Nos dias seguintes, os grupos, formados em novas composições, começaram a discutir as condutas, ou seja, os comportamentos adequados àqueles valores. Novamente houve discussões acaloradas, apaixonadas, educativas e elucidativas. A prática dos valores fará com que todos na empresa cresçam em sua dimensão humana.

Jonas sente-se confiante: viver os valores é a chave do desenvolvimento. Agora, sim, a Operação Excelência poderá ir ao mercado e levar consigo toda essa rede de energia. Ações norteadas por valores são executadas com amor e consideração pelos outros. Seu poder é imenso quando chega até o cliente.

De uma coisa Jonas tinha certeza: não poderia mais continuar endossando as vendas especiais repletas de manhas e artimanhas de Escobar. Como ensinava Gandhi, o mestre da integridade, Jonas está decidido a ser a transformação que deseja ver no mundo ao seu redor.

ATO DE CORAGEM E LIBERTAÇÃO

Qualquer que seja a relação em que você se envolva,
que seja o amor o seu único motivo.
PIERRE LÉVY

Saguate continua corrompendo o mercado e fechando cada vez mais o cerco à Dédalo. Jonas diz a Rose:

– Peça a Adolfo e Escobar que venham até minha sala.

Ele respira fundo. Sabe como será prejudicial para os resultados da Dédalo acabar com as vendas especiais de Escobar, que têm gerado caixa e garantido a liquidez da empresa. Mas essas práticas não condizem com os valores pactuados.

– Boa tarde, Jonas – cumprimenta Adolfo, visivelmente abatido.

– Vamos esperar o Escobar e daremos início à conversa – diz Jonas, demonstrando paciência.

– Escobar não vem – responde Adolfo, lacônico.

– Não está trabalhando, hoje?

– Não está mais na empresa. Ontem me comunicou que vai trabalhar com Saguate. Agora é que as coisas vão apertar ainda mais para o nosso lado. Ter os dois como adversários será o nosso fim.

Adolfo esperava que a notícia causasse forte impacto em Jonas. Fica surpreso com a reação dele.

– É uma pena para o Escobar. Cada dia que passa, ele cava mais fundo o buraco em que se meteu.

Adolfo continua cabisbaixo.

– Sinto muito, Jonas. Fui eu que coloquei a Dédalo nessa enrascada quando trouxe Escobar para cá. Agora ele está do lado do inimigo e possui informações importantes sobre nossa empresa.

– Se puxarmos o fio da meada, veremos que o erro maior foi meu. Você trouxe Escobar, eu trouxe você. E você tem sido um líder leal aos princípios que estabelecemos juntos. O que precisamos compreender e aceitar é que nossos princípios estavam equivocados. Agora temos outros valores. Eles criarão novas condutas e eliminarão outras. Adolfo, a Dédalo é uma nova empresa. Espero que você entenda isso.

Adolfo está surpreso. Esperava uma decisão implacável por parte de Jonas.

– Não sei se serei capaz de trabalhar nessa nova Dédalo.

– Adolfo, cada um faz o que pode, no seu nível de consciência. Você errou, eu errei. Podemos reaprender juntos. Não se trata de corrigir a Dédalo apenas. Precisamos corrigir a nós mesmos.

– A nova Dédalo é o contrário de tudo em que sempre acreditei. Na minha idade, não vou conseguir mudar.

– Nós sempre fomos servidos, agora precisamos nos tornar líderes servidores e ajudar as pessoas a crescer em liberdade. Eu terei de aprender, você também. Para isso, vamos nos livrar desse escudo protetor que não nos ajuda em nada. Precisamos nos desarmar, Adolfo. Esse será nosso ato de coragem e libertação.

É a primeira vez que Jonas vê os olhos de Adolfo se encherem d'água.

– Será que as pessoas que reprimi esse tempo todo confiarão em mim? Não sei se vou conseguir.

– Você já deve ter ouvido que "muitos são chamados, mas poucos são escolhidos". A frase deveria ser: "Todos são chamados, mas poucos escolhem aprender". Essa é a sua chance, Adolfo. Escolha aprender.

A ARTE DO SERVIÇO

Jonas não vê a hora de colocar a Operação Excelência com tudo no mercado. Almas felizes querem fazer outras almas felizes: esse é o clima na Dédalo.

Está decretado: a alma nunca mais ficará na guarita, a mente nunca mais ficará em casa. O trabalho será feito com o corpo, a mente e a alma. Artistas dão shows, artistas solidários fazem do trabalho um espetáculo de vida. A equipe da Dédalo, liderada por Jonas, está disposta a surpreender o cliente. A Operação Excelência já foi apelidada de "Operação Uau". Encantamentos todos os dias! Esse é o desafio.

Nada de ficar pressupondo o que é bom para o cliente, recomenda Jonas. Relacionamento é tudo! As pesquisas serão diárias, sempre feitas com os clientes. Aliás, eles serão os aliados e, ao mesmo tempo, os beneficiados com a criação dos produtos e serviços que desejam.

Servir com excelência implica superar os "três D": deseducação, que inclui a falta de interesse e de cuidado; desavoramento, que abrange a pressa e a confusão; desânimo, que inclui a preguiça e a negligência.

A cultura do serviço está instalada: não se trata apenas do consumidor e do cliente externo, mas também do cliente interno. Todos os trabalhos são importantes e feitos com muito esmero. Para isso, Jonas apoia os funcionários na criação dos Dez Mandamentos da Excelência:

1 Que todos aprendam algo novo todos os dias;
2 Que os dias sejam memoráveis, jamais descartáveis;
3 Que os desafios diários expandam os limites de cada um;
4 Que respeitem a relação de interdependência entre setores e pessoas;
5 Que os lamentos no café deem lugar à atenção ao cliente;
6 Que o talento se sobreponha à hierarquia;
7 Que os departamentos atuem como empreendimentos;

8 Que a segurança e o conforto deem lugar à aventura e ao risco;

9 Que o local de trabalho seja um ambiente recreativo;

10 Que haja vida no trabalho e em abundância.

O resultado desejado é o trabalho feito com luz e paixão, capaz de gerar um sentimento de orgulho em todos, satisfazer o cliente, trazer os melhores resultados e escrever uma história digna de ser contada no futuro. É com esse espírito que Jonas quer ver a nova Dédalo enfrentar as manhas e artimanhas de Saguate e Escobar.

AS LEIS DO AMOR

Eu vou bater palma, vou brincar de roda,
pra espantar o medo do meu coração.
MANOELITO

Jonas observa as crianças brincando de roda. Entre elas se encontra o *Estraga-prazeres*. Estão felizes. Cantam e tentam buscar a sincronia perfeita entre dança e música. Sentem-se unidas e fortes. É um entrelaçamento de corações; todos se sentem incluídos. Logo se ajustam em total sinergia.

Os pequenos dançarinos tornam-se cada vez mais a própria dança. A roda humana é um só coração. A alegria estampada em cada rosto floresce de relacionamentos soltos, desarmados.

Jonas aprendeu a duras penas que o coração e a alma, como metáforas, estão na base de todos os relacionamentos.

Sempre achou que precisava ser forte, enérgico e ativo para o trabalho. Não estava errado, mas isso não significa que o coração deve ser deixado de lado. Como trabalhar de coração partido? É preciso abrir o coração e compartilhar suas esperanças e sofrimentos, as conquistas e os fracassos.

Adolfo possuía um coração duro. "Talvez fosse uma súplica de amor, ao seu jeito", pensa Jonas. Qual é a origem das tendências agressivas e depressivas? A ausência de amor sempre estará por trás da resposta a essa pergunta clássica. As pessoas causam danos porque sofreram danos. E esse sofrimento cria o escudo protetor que impede que o amor penetre, da mesma forma que não deixa o medo escapulir.

O coração jamais é totalmente puro. Daí a oração que pede "não nos deixeis cair em tentação". Contra isso, é preciso criar situações em que o coração possa ser fortalecido e nutrido.

Jonas volta a observar as crianças brincando felizes com suas cantigas de roda. Para ele, Adolfo é a maior prova de que existe um coração bondoso e amoroso oculto na criança dentro de cada um de nós.

Se o coração estiver feliz, transformará o trabalho num ato de amor e sempre terá espaço para acolher o outro, que pode ser o funcionário, o colega, o cliente, o fornecedor. Não importa. Ninguém sai emocionalmente ileso diante de uma prova de amor.

O amor tem suas próprias leis, constata Jonas. Pode-se escolher negá-las, ignorá-las ou até abusar delas, mas, ainda assim, elas estarão lá e, para o bem ou para o mal, viveremos as consequências resultantes da forma como lidamos com as leis do amor.

Jonas sempre acreditou que o amor não tem lugar no trabalho. É que compreendia o amor como um sentimento, não como um estado de consciência. Muitos dos nossos talentos jamais darão o ar da graça enquanto o amor não se fizer presente. E amar é diferente de gostar. *Gostar* depende dos outros, *amar* depende de nós mesmos.

O amor não é um sentimento, mas, sim, um estado de consciência, algo em que nos transformamos. Essa foi a principal lição que Jonas aprendeu durante a travessia: *amor é decisão e compromisso.*

Iluminado e apaixonado, Jonas acrescenta mais uma linha ao seu quadro-síntese.

MERCADO	REAÇÃO/AÇÃO	ARTIFÍCIOS E RECURSOS	PLANOS E PROJETOS	PERFIL DE PROFISSIONAL
Arena de guerra	Lutar ou fugir	Armas e munição	Operação Ataque	Guerreiro
Mina de recursos esgotáveis	Disputar e competir	Manhas e artimanhas	Operação Combate	Jogador
Oásis no deserto	Descobrir e desvendar	Bússola e sonho	Operação Curiosidade	Curioso
Ponto de encontro	Compreender e conectar-se	Foco e competência	Operação Conexão	Perito
Ateliê de arte	Imaginar e inovar	Fé e inspiração	Operação Criatividade	Artista
Espaço de solidariedade	Ajudar e servir	Luz e paixão	Operação Excelência	Solidário

JARDIM SUPREMO

7

CONSCIÊNCIA E ENERGIA

Faça tudo o que você tem a fazer
como se tudo dependesse unicamente de você e,
ao mesmo tempo,
como se o resultado dependesse
unicamente de Deus.
BHAGAVAD GITA

O jogo está acirrado. De um lado, os estratagemas de Saguate e Escobar; de outro, a excelência nos serviços da equipe da Dédalo. De um lado, as manhas e artimanhas, traduzidas em condições comerciais aviltantes e subterfúgios financeiros; de outro, a força e a energia da luz e da paixão de toda a equipe da Dédalo, a começar por seu principal líder.

Jonas olha o relógio depois de estacionar o carro. Preparou-se para chegar pontualmente. O jantar está marcado para as oito horas.

Toca a campainha exatamente quando Marta termina de arrumar a mesa na sala de jantar e Hilário conclui a leitura de seu jornal preferido. A casa está tranquila, as crianças fazem uma excursão com os colegas de escola.

– Oi, pessoal. Trouxe uma garrafa de vinho.

– Obrigado, Jonas.

Hilário coloca a garrafa sobre a mesa e continua.

– Veja só, mexeram na Previdência novamente. Desse jeito, não dá para acreditar no governo.

– Qual é o problema? Preocupado com a aposentadoria? – pergunta Jonas, acomodando-se no sofá da sala.

– E você não está? Conto nos dedos os anos, meses, semanas e dias que faltam para me aposentar. Daí vou desfrutar a vida para valer, com todo o tempo a meu dispor. Ah! Não vejo a hora!

Marta retorna à cozinha para buscar as taças de vinho e os guardanapos. Na parede da sala, há uma gravura com palavras de Goethe: "Nada é mais difícil de suportar do que uma sucessão de dias belos".

– Hilário, acredite se quiser, não estou preocupado com isso. O que eu quero mesmo é escrever uma bela história, deixar minhas marcas por onde passei. Nem me lembro da aposentadoria. Por que você não começa a viver agora?

– Estou vivendo *agora*, mas quero viver mais e melhor quando me livrar do trabalho.

– Ouvi dizer que a expectativa de vida de executivos aposentados é de apenas 33 meses, em média. Você está apostando na morte. E a morte é apenas uma das maneiras de perder a vida.

Hilário engole em seco enquanto Jonas complementa:

– A vida é o que acontece agora.

A campainha toca novamente. É Anita, com flores para Marta. Jonas a observa, sem perder um detalhe. Está linda no vestido branco bordado, com a cor do batom realçando o colar e os brincos, o sorriso largo e alegre como um girassol e os olhos grandes e amendoados, cor de jabuticaba. As duas amigas se abraçam, sorrindo.

O jantar acontece em clima agradável e descontraído. Boa comida, boa bebida, boa conversa. A palavra companhia vem do latim *cum panis* e significa, literalmente, comer o pão juntos. Fazia tempo que Jonas não se sentia tão bem entre amigos, em total entrega e confiança. Lembra-se da brincadeira de roda das crianças e da sinergia entre elas. É muito bom quando os corações se entrelaçam, momentos de intensa comunhão.

– Está na hora de um bom café, e sou eu quem vai preparar – diz Hilário levantando-se.

Jonas aproveita para matar a curiosidade:

– Marta e Anita, depois do *espaço de solidariedade*, qual é o próximo desafio?

Marta olha para Anita, aguardando a resposta.

– Ver o mercado como um *jardim supremo*.

– E o que isso significa?

– Espere! Você vai compreender já – Marta vai até a sala e volta com um livro.

– Veja, Jonas: "...e Deus viu tudo o que havia feito, e tudo era muito bom".

– E daí? – pergunta, curioso.

– Daí que obra tão magnífica não podia deixar de ser vista e apreciada por mais gente. Foi assim que o Criador, do alto de Sua benevolência, compartilhou toda essa maravilha com o homem: "Quando Deus fez a terra e o céu, ainda não havia nenhum arbusto do campo sobre a terra e ainda não tinha brotado a vegetação, porque o Senhor Deus ainda não tinha enviado chuva sobre a terra e não havia ninguém para cultivar o solo. Mas brotava da terra uma fonte, que lhe regava toda a superfície. Então o Senhor Deus formou o ser humano com o pó do solo, soprou-lhe nas narinas o sopro da vida, e ele tornou-se um ser vivente. Depois o Senhor Deus plantou um jardim em Éden, a oriente, e pôs ali o homem que havia formado. E o Senhor Deus fez brotar do solo toda sorte de árvores de aspecto atraente e de fruto saboroso, e, no meio do jardim, a árvore da vida e a árvore do conhecimento do bem e do mal. [...] O Senhor Deus tomou o homem e o colocou no jardim de Éden, para o cultivar e guardar".

– É uma bonita alegoria. Mas, e daí?

– Daí, Jonas, que fomos convidados a trabalhar nesse jardim e ser, junto de Deus, cocriadores. Pense na sua empresa: qual é o papel dela nesse *jardim supremo*? Pense no seu trabalho: de que forma ele contribui para que esse seja um lugar gostoso de viver? Pense em si mesmo: como corresponde a tal privilégio?

Anita retoma a conversa:

– Quando pensamos no trabalho, é comum escolhermos uma profissão ou ocupação que seja um meio de vida, algo que garanta nosso sustento e nos faça ganhar dinheiro. Mas às vezes isso em nada ajuda a Grande Obra. É o que Marta está dizendo.

– Então o próximo desafio é ver o mercado como um jardim? – ele pergunta reflexivo.

– Sabe, Jonas, às vezes, penso que Deus estava com pressa quando fez o mundo – diz Marta, com o olhar fixo em um ponto da bela decoração de sua sala. – Sete dias é muito pouco. Ficou para cada um de nós a tarefa de terminá-lo. Para isso, existe uma abundância de coisas a fazer, de problemas a resolver, de necessidades a satisfazer. Pelo jeito, Deus gosta mesmo é de abundância.

Jonas sorri com a animação de Marta, sempre entusiasmada.

– Uma empresa deve fazer de tudo para que esse jardim seja um lugar de bem vivência e onde as pessoas possam, em contentamento, viver em abundância.

Marta fala com firmeza e convicção.

– Nesse jardim, vamos cultivar riquezas de todos os tipos. Era isso que o Criador esperava de nós quando nos convidou para essa festa.

– E o que fazer para viver nesse mundo?

– É preciso *unificar* sua obra, a Dédalo, à Grande Obra, o Universo – é Anita que responde. – Engate seu vagão nessa potente locomotiva. A sua empresa, e também a minha, não são propriedades nossas. Elas são meios para contribuir com algo maior.

– Eu sempre me senti o proprietário, o dono de tudo – ele admite.

– A empresa representa um negócio que compõe um holograma, uma espécie de teia. Esse holograma é formado por vários agentes: fornecedores, investidores, líderes, colaboradores, clientes. É assim com a Dédalo, é assim com minha rede de restaurantes – afirma Anita, rascunhando em uma folha de papel.

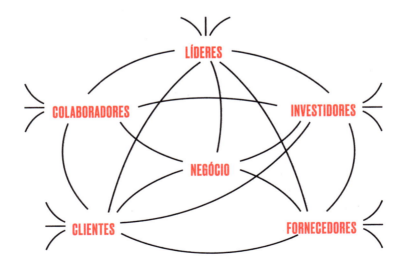

– Seu trabalho como líder é criar uma *unidade* entre os interesses de todos esses agentes e sincronizá-los em prol do mesmo propósito.

– Mas não é nada fácil conciliar esses interesses.

– Esse é o grande desafio. É preciso pensar no todo e nas várias relações. Se o negócio ficar apenas no plano primário da riqueza material, estará instalado o conflito. Mas se você passar a ver o negócio como uma unidade formadora de riquezas de todos os tipos (material, intelectual, psicológica, emocional, espiritual), então os interesses convergirão. Principalmente quando essa formação de riquezas contribuir para a criação de um mundo mais solidário e pleno para todos.

– Você está sugerindo que eu transforme a empresa em uma obra de caridade – resmunga Jonas.

– Não é nada disso. O desafio está em gerar lucros ao fazer o bem.

– Entendi. Isso é muito diferente de gerar lucros e depois fazer algum bem com os trocados abatidos do imposto de renda.

O cheiro de café toma conta da sala.

– Marta, fale mais de unidade – pede Jonas, curioso.

– Quando compreendemos o mercado como um jardim, nos conscientizamos de que somos dedos da mesma mão. A ganância, a corrupção e a exploração rompem com o equilíbrio e a sinergia entre os vários agentes do holograma apresentado por Anita.

– Ou seja, não é nada inteligente reduzir a folha de pagamento para garantir o retorno aos acionistas – ele deduz.

– É isso mesmo – intervém Anita. – Quando você favorece um dos agentes do holograma em detrimento de outro, está fazendo a conta de soma zero. Unidade significa que todos saem ganhando.

– Mas, me diga, o que é preciso para viver nesse mundo? – pergunta Jonas.

– É preciso *energia* e *consciência* – retoma Marta. – A empresa começa a se parecer com uma grande consciência, não mais com uma máquina. A energia toma o lugar da matéria. E o holograma é o espaço em que as energias se encontram para fazer algo acontecer. Esse "algo" é o negócio.

– Confesso que preciso assimilar melhor tudo isso. É muito abstrato para mim – diz Jonas, ainda confuso.

Anita sorri e acrescenta:

– A boa nova, Jonas, é que não é mais preciso fazer uma força sobre-humana para viver e prosperar. O desafio está em buscar a unidade e deixar que as coisas fluam. A isso se dá o nome de homeostase.

– Será que eu serei capaz de comandar uma empresa nesse estágio?

– Se você colocar sua obra no canteiro de Deus, deixe que Ele assuma o comando – responde Marta. – E isso é tudo.

Hilário se aproxima e serve o café.

– Parece que a conversa foi boa, hein?

– Tão boa quanto o jantar – responde Jonas, com os pensamentos ainda na conversa com Marta e Anita.

ENTRE O CAOS E A ORDEM

Quem deseja ter o certo sem o errado,
A ordem sem a desordem,
Não compreende os princípios
Do céu e da terra.
Não sabe de que maneira
As coisas estão interligadas.
CHUANG TZU

Ao ver o *Estraga-prazeres* brincar na gangorra com um amiguinho, Jonas compreende melhor o que Anita quis dizer com homeostase. Embora o amiguinho do *Estraga-prazeres* seja mais forte, eles conseguem brincar sem grandes esforços, pois o peso e o impulso de um lado alavancam o peso do outro lado, gerando novo impulso.

Jonas recorre ao dicionário e aprende que homeostase é a "propriedade autorreguladora de um sistema ou organismo que permite manter o estado de equilíbrio de suas variáveis essenciais ou de seu meio ambiente".

É um processo natural de funcionamento do universo, semelhante a uma dança que oscila entre o caos e a ordem. O universo se mantém vivo e em movimento devido à homeostase entre os vários sistemas e seus componentes.

"Os mercados e os negócios não são diferentes", pensa Jonas. "Somos, no entanto, governados pelo nosso conjunto de crenças. Se a realidade que criamos sugere um mercado hostil e temeroso, então a homeostase é rompida e em seu lugar se instalam a fragmentação, o distanciamento e a autopreservação."

Jonas pensa na velha Dédalo e em como valorizava os líderes que, a exemplo de Adolfo, se entregavam ao controle e à proteção do patrimônio, retaliavam funcionários e clientes considerados desleais e ocupavam boa parte do tempo pensando em estratégias que eliminassem a concorrência do mapa. É a consciência da escassez, que atrai as adversidades, reforçando o conjunto de crenças da precariedade do mundo. No fundo, é resultado das próprias decisões e ações combativas e defensivas.

Jonas sempre acreditou que ambientes competitivos são geradores de energia, mas energia negativa, como reconhece agora. Os resultados são obtidos à custa de muito esforço e, muitas vezes, por meios ilícitos. Lutar contra a natureza dos sistemas será sempre uma luta inglória. E isso é feito via individualismo, competição e pensamento analítico ou mecanicista, mantendo-nos apartados uns dos outros.

Como energia é poder, ela precisa fluir por todo o holograma; não pode ficar restrita ou confinada a determinados agentes. Tudo ganha forma de acordo com o relacionamento. Por meio dessas relações pelas quais optamos, cocriamos o nosso mundo.

Jonas compreendeu que a homeostase existe quando todos os agentes do holograma ganham, em uma relação de colaboração mútua. A ordem emerge quando os elementos do sistema cooperam entre si, descobrem-se uns aos outros e, juntos, inventam novas capacidades. É a visão sistêmica que permite compreender que estamos todos ligados, somos parte de um todo maior. Isso nos faz acreditar na abundância e em que todos devem ser vitoriosos. A Dédalo é um fio da teia da vida. Cabe a ela dar sua contribuição por meio de seus produtos e serviços.

O universo é um macrossistema em que diversos sistemas se reencontram para formar o todo. Diante desse todo, o ser humano é como um microuniverso. Em harmonia com o todo, as possibilidades humanas se expandem. Se uma pessoa tiver uma vida bem-sucedida no trabalho, influenciará sua família. Se a família for bem-sucedida, influenciará a comunidade. Se a comunidade for bem-sucedida, influenciará o país. Se o país for bem-sucedido, influenciará o cosmo e agradará a Deus.

REENCONTRO DE GLÓRIA

Sinto-me nascido a cada momento
para a eterna novidade do mundo.
FERNANDO PESSOA

– Senhor Jonas, uma pessoa o aguarda na recepção.

– Quem é?

Antes que Rose respondesse, o visitante entra na sala. Os dois homens se olham e, sem dizer nada, selam o reencontro com um abraço afetuoso e solidário.

– Clóvis, meu caro, há quanto tempo! Você foi embora e nem se despediu. Fez muita falta por aqui.

– Evitei conversar diretamente com você, tratei tudo com Adolfo. Naquele momento, achei que de nada adiantaria conversar com você.

– É verdade, Clóvis. Eu estava cego e surdo – admite Jonas, com pesar.

– Sei das dificuldades que vocês vêm passando – solidariza-se Clóvis.

– E devo ter causado outras tantas para você. Perdoe-me.

Depois que se demitiu da Dédalo, Clóvis fez uma carreira brilhante no principal concorrente. Não foi fácil suportar os ataques comandados pelo próprio Jonas e resistir à competição predatória de Saguate e Escobar. Clóvis superou tudo com a ajuda do que havia aprendido na Dédalo e implementou boa parte das ideias que tinham sido suspensas. Pelo excelente desempenho profissional, Clóvis conquistou o topo, função equivalente à de Jonas na Dédalo.

– Fico satisfeito em ver que a Dédalo está retomando e reconquistando seu espaço. Tenho provas concretas disso quando cruzo com seus profissionais e também pelas conversas com os clientes.

– Agora é irreversível. Eu mudei, Clóvis. Não tem sido fácil, mas nunca estive tão animado em toda a minha vida. Meu entusiasmo é maior do que quando criei a Dédalo.

Os dois se alegram, felizes com o reencontro. Clóvis fala sobre seus desafios, o trabalho em equipe, as dificuldades, as conquistas.

– Sem dúvida, você fez um excelente trabalho – comenta Jonas, alegre por saber da ascensão profissional de Clóvis.

Rose serve o café e também parece contente em rever Clóvis.

– Estou aqui para propor uma ação conjunta de reconstrução do nosso setor.

Por essa Jonas não esperava. A empresa rival, arqui-inimiga de muitos anos de mercado, acenando com uma parceria?

– O mercado está corrompido, Jonas. Saguate quer tomar conta de tudo, como fez com outros mercados que funcionam conforme a sua batuta. Mas, somando esforços, podemos reconstruir o mercado com grandes chances de sucesso.

– Qual é a sua proposta? – Jonas pergunta, animado.

– Eleja as melhores cabeças da Dédalo e eu farei o mesmo na minha empresa. Vamos convidar outros concorrentes. Juntos, criaremos uma visão de futuro no nosso setor de atividade. Algo com que todos possam ganhar...

– ... e gerar riquezas – completa Jonas entusiasmado.

– Nada dos famigerados planos em que se pactuam preços e condições comerciais para depois alguém roer a corda. Está provado que isso não funciona.

– Criar uma visão de futuro é pensar em conjunto num lugar onde todos possam viver bem com suas empresas. É compartilhar a imaginação e o futuro, e não a tabela de preços. É pensar em prosperidade, não em sobrevivência.

– É começar pelo *oásis no deserto* – lembra Clóvis, saudoso.

Os dois riem como velhos amigos. É um reencontro glorioso. Lá está Clóvis, mais maduro, mais confiante, mais preparado, assim como Jonas. Os rivais agora são parceiros. É o mundo visto como um *jardim supremo*.

TEATRO DA ANOMIA

Vejo pessoas, mas elas parecem árvores andando.
MARCOS 8:24

Anomia! Esta é a nova palavra que Hilário aprendeu com Marta. Está relacionada ao trabalho sem causa ou à ausência de valores no ambiente laboral.

Marta diz que esse teatro, como os demais, medo, lixo, horas, alienação, norma, impotência, fomenta a escassez e impede a travessia.

É o teatro em que todos se movimentam para lá ou para cá, fazendo de conta que estão ocupados e comprometidos. Mas comprometidos com o quê?

Se a anomia é a ausência de valores, como fazer parte e sentir orgulho de uma empresa que não vive valores virtuosos? Se os valores formam a força motivacional de cada pessoa, como conseguir trabalhar desprovido dessa força?

O teatro da anomia é o teatro do trabalho sem causa, sem visão, sem direção. No fundo, estão todos preservando seus empregos. Nada mais.

Se uma empresa não é aquilo em que determinada pessoa acredita, então ela não tem um trabalho, apenas um emprego medíocre. Como um autômato, cumprirá as oito horas diárias de trabalho em troca do sustento, mas não fará nada além disso. Não peça que crie, que tenha iniciativa, que assuma responsabilidades, que se comprometa.

Hilário pensa nas divagações de Marta e não sabe se fica feliz ou não. Por essa ele não esperava: ser promovido ao cargo de diretor-geral. Por que ele, e não outros colegas mais competentes? Hilário sabe fazer marketing pessoal, não ameaça o superior e é conveniente para a empresa.

Começa a contabilizar o lado bom dessa conquista: plano de saúde *top*, previdência privada (ufa!), carro blindado, estacionamento privativo na empresa, acesso ao restaurante VIP, viagem anual ao exterior para aperfeiçoar o inglês, ajuda de custo para almoços e jantares de negócios, catorze salários por ano, participação nos resultados.

– Status, poder e prestígio. Isso é tudo que um cidadão deseja da vida – vangloria-se em voz alta, com ar de vitória, o ego inflado.

Mas, em seguida, vê a realidade à sua espera. Sente um frio na barriga ao pensar que nada disso virá de graça. Será muito mais exigido na nova função, com desafios ainda maiores. O que virá em troca? Talvez a vida perdida na pressa. Hilário sempre achou que a vida é pra se levar. Marta sempre lhe disse que a vida é pra valer!

– Marta acredita em utopia – resmunga enquanto olha sua nova e ampla sala, escoltado pela eficiente secretária, atriz coadjuvante nesse teatro da anomia.

OPERAÇÃO ENTREGA

Acho que deve haver, no fundo de tudo,
não uma equação, mas uma ideia extremamente simples.
E para mim essa ideia, quando por fim a descobrirmos,
será tão convincente,
tão inevitável que diremos uns aos outros:
"Que lindo! Como poderia ter sido de outra maneira?".
JOHN ARCHIBALD WHEELER

Desacelerar: esse foi um dos aprendizados mais importantes de Jonas nesse tempo todo. Foi por isso que sugeriu passar um dia fora da empresa com líderes e colaboradores de vários setores da Dédalo. O desafio era elaborar em equipe a Operação Entrega, enquanto planejavam, trocavam opiniões e ampliavam os conhecimentos sobre o negócio. Jonas queria que todos se comprometessem com os novos rumos da Dédalo e pretendia também desenvolver uma equipe de cultivadores, de pessoas inteiras que se entregassem ao trabalho de corpo, mente e alma.

Jonas se lembrou de uma pequena história, que contou a todos no início do dia. Era sobre um rico senhor que decidira criar um jardim na frente de sua casa. Foi a uma chácara e comprou sementes das melhores flores. Preparou o solo conforme lhe ensinaram, semeou, regou e, meses depois, brotaram umas plantas franzinas. Algumas delas arriscaram oferecer botões de flores acabrunhados.

A frustração do senhor aumentou ainda mais quando viu que seu jardim estava sendo invadido por ervas daninhas. Não sabia mais o que fazer. Pediu ajuda aos vizinhos e jardineiros da região, sem sucesso. As ervas daninhas proliferavam e as plantas não vingavam. Finalmente, soube de um jardineiro muito competente, cultivador dos mais lindos jardins e das mais viçosas plantações das redondezas, e foi falar com ele. Após algumas perguntas, o jardineiro se pôs a contemplar o jardim do rico senhor e, por fim, virou-se para ele e disse: "Meu senhor, tudo já foi feito. É bom começar a amá-lo". Inspirado pela história, Jonas apresentou o holograma do mercado, conforme Anita havia demonstrado.

– Esse é o nosso jardim – disse. – É bom começarem a amá-lo. A Operação Entrega é uma oportunidade de redefinir o negócio da Dédalo e criar um propósito mais ousado e também mais contributivo. Consiste em contribuir ao máximo com todos os agentes que representam o negócio da Dédalo: acionistas, fornecedores, líderes, colaboradores e clientes. Entrega total!

Com a alma e a mente definidas, era hora de ajustar o corpo.

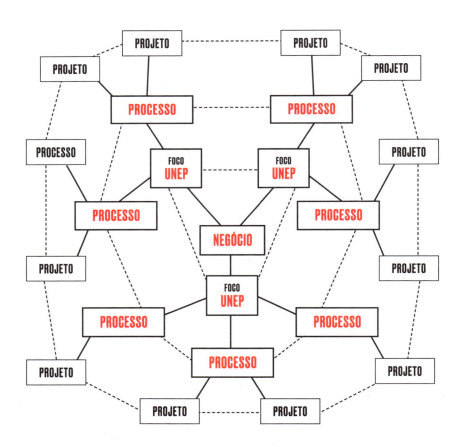

Os clientes foram agrupados por unidades de negócios, conforme a similaridade de problemas e necessidades. As unidades de negócios foram denominadas UNEP (Unidade de Negócio com Propósito) e possuíam liderança, equipe e propósito; objetivos, metas e indicadores de desempenho. Ao redor das UNEP, havia empreendimentos (os extintos departamentos), os processos organizacionais e os projetos de trabalho em sinergia com a nova definição de negócio. A estrutura sistêmica, com aparência molecular, contrapõe-se ao modelo tradicional, vertical e hierárquico. Nela, a ordem nunca é imposta de cima para baixo. Emerge quando os elementos do sistema cooperam entre si, possuem objetivos comuns e comungam dos mesmos valores. Com isso, descobrem-se uns aos outros nos seus talentos e capacidades. É a mesma metodologia utilizada por Anita em sua rede de restaurantes.

A Operação Entrega reconhece que não basta dizer que o cliente é importante. Isso os mercados anteriores e suas respectivas operações explicaram muito bem. O desafio, agora, é fazer com que a estrutura apoie a estratégia. Com isso a atenção de todos será direcionada ao atendimento das necessidades dos clientes e aos resultados, em vez da preocupação excessiva com planos de carreira ou ascensão no cargo.

O desafio não está apenas em satisfazer as necessidades dos clientes, mas em fidelizá-los, o que exige atenção concentrada e é factível quando um número menor de pessoas se responsabiliza por completo. Para isso, cada unidade de negócio desenvolve seus processos e atua com autonomia. Os resultados são produzidos e mensurados em cada UNEP e parte deles pode ser distribuída como recompensa às suas respectivas equipes. O desempenho de cada colaborador contribui para o desempenho de cada unidade de negócio. O desempenho de cada unidade de negócio contribui para o desempenho geral da Dédalo.

A Operação Entrega funciona, como Jonas pode constatar na prática. Parece mágica? Na verdade, não existe realidade objetiva. O ambiente com o qual a empresa se preocupa (mercado, concorrência, clientes) foi cocriado pelas percepções, pelas escolhas e decisões, pelos anseios e desejos. A estratégia de negócio e a estrutura de trabalho decorrem de todo esse conjunto de pensamentos.

Em síntese, a Operação Entrega é um conjunto de ações inspiradas nas operações anteriores dos mercados quando vistos com a lente da prosperidade: *curiosidade, conexão, criatividade e excelência*. Mas vai além, na medida em que reconhece o mercado como um jardim que faz parte de uma obra maior. E aí está todo o propósito e todo o significado de um negócio.

Orgulhoso de si mesmo, Jonas preenche a última linha de seu quadro-síntese:

MERCADO	REAÇÃO/AÇÃO	ARTIFÍCIOS E RECURSOS	PLANOS E PROJETOS	PERFIL DE PROFISSIONAL
Arena de guerra	Lutar ou fugir	Armas e munição	Operação Ataque	Guerreiro
Mina de recursos esgotáveis	Disputar e competir	Manhas e artimanhas	Operação Combate	Jogador
Oásis no deserto	Descobrir e desvendar	Bússola e sonho	Operação Curiosidade	Curioso
Ponto de encontro	Compreender e conectar-se	Foco e competência	Operação Conexão	Perito
Ateliê de arte	Imaginar e inovar	Fé e inspiração	Operação Criatividade	Artista
Espaço de solidariedade	Ajudar e servir	Luz e paixão	Operação Excelência	Solidário
Jardim Supremo	Contribuir e unificar	Consciência e energia	Operação Entrega	Cultivador

A VERDADEIRA RECOMPENSA

SONO PROFUNDO

Chega um tempo em que não se diz mais: meu Deus.
Tempo de absoluta depuração.
Tempo em que não se diz mais: meu amor.
Porque o amor resultou inútil.
E os olhos não choram.
E as mãos tecem apenas o rude trabalho.
E o coração está seco.
CARLOS DRUMMOND DE ANDRADE

O coração estava seco demais para bombear o sangue da vida. Há tempos não dava e não recebia amor, e essa é sua função.

O velho bambu possui sabedoria quando se inclina à força dos ventos, mas o coração seco é um coração rígido, não se verga às agruras do cotidiano. Prefere resistir e continuar inflando, o que o torna ainda mais duro e rígido.

Poderia ter escolhido se dar, abrir-se às necessidades de outros corações, também frágeis e necessitados. Endurecido, sente-se superior aos outros corações. Por isso quer dominá-los, apropriar-se deles. "Mais para mim", clama, na busca incessante de poder, da vitória sobre os outros, de conseguir tudo o que deseja, de extrair o máximo de tudo e de todos.

O problema é que a consciência que o ilumina está em repouso, adormecida. Poderia despertar, essa seria a sua sorte, mas o coração seco não deixa a luz entrar, prefere a escuridão.

E está escrito: "Não escondas a tua luz debaixo de uma vasilha". É a crença na escuridão que não deixa a luz entrar.

Seu desafio é colocar o ego e os medos fora do caminho do processo auto-organizador da vida. Em vez disso, o coração seco quer brincar de ser deus, tentando controlar tudo e todos. Em vez de ganhar a vida, ganha a morte.

Mordeu a isca e se deu mal. Deixou-se levar pelos aplausos da sociedade. E a sociedade adora os desequilíbrios, o sucesso financeiro, as conquistas materiais, o poder e o status. A sociedade aplaude a úlcera, a depressão e o psiquiatra.

O coração seco de Saguate preferiu o infarto.

– Fulminante! – contaria depois Escobar, que viu o homem de pedra esmorecer na sua frente em agonia aguda e solitária. O desespero estampado no rosto pálido e suado, os olhos esbugalhados, o corpo frio tomado por uma grande dor, uma descarga brutal de adrenalina. Era como se uma mão de ferro esmagasse seu coração em busca da última gota de sangue, dentes rangendo num choro contido.

Endurecido, seu coração fora golpeado ferozmente: denúncias na imprensa estampavam seu nome ao lado do de duvidosos figurões da política e da economia e noticiavam roubos e fraudes entre seus assessores diretos. Perda vertiginosa do mercado recentemente tomado de assalto. Vitória cruenta, mas efêmera. Saguate mergulhou em altíssimas dívidas do dia para a noite, quando os clientes o abandonaram, deixando-o atulhado com seu estoque regulador, utilizado para manipular os preços.

O império de Saguate ruiu de repente. Sem sua liderança rígida e com os problemas se agravando a cada dia, os ratos preferiram pular da embarcação. Escobar foi um deles. Em sono profundo, escafedeu-se pela vida afora.

BRINCAR DE VIVER

Há um menino, há um moleque
morando sempre no meu coração.
MILTON NASCIMENTO e FERNANDO BRANT

– Posso saber o que você está fazendo no meu quintal? – pergunta Jonas com voz calma.

– A rabiola da minha pipa ficou presa no telhado da sua casa – responde o *Estraga-prazeres*, mais que depressa.

– Quando eu tinha a sua idade também gostava de soltar papagaio.

– E por que parou? É muito divertido.

– As coisas mudam. Depois vêm os estudos, a faculdade, o trabalho, as obrigações, e as brincadeiras acabam.

– Sem brincadeiras, qual é a graça?

– Mas a vida não é só brincar. Depois você tem que trabalhar, e trabalho é coisa séria.

– Mas por que o trabalho não pode ser coisa divertida?

Jonas sorri. Fica observando o *Estraga-prazeres* puxar o fio da pipa na tentativa de trazê-la de volta. A impressão é que o principal objetivo do menino é preencher o dia com momentos gratificantes. Parece estar em união com a natureza, crescendo junto com as folhas que mudam de cor nas árvores e renascendo a cada novo pôr do sol. Para o menino, não existe outra recompensa que não seja a própria vida.

– Sabe, eu me esqueci de viver – confidencia Jonas. – Estive tão tomado pelos meus medos e carências que deixei de apreciar as coisas boas da vida. Estava tão apegado ao que conquistei que me esqueci de que o simples resolve tudo. Armei uma luta contra a vida. Ela me espremia de um lado, eu a espremia de outro. Ficamos muitos anos nessa queda de braço para ver quem ganhava a parada. Quantas vezes me senti tomado pelo cansaço... Mas nunca desisti! Quanto mais difícil a luta, mais força eu fazia. Levava a vida como se leva uma grande pedra para o alto da montanha.

– Puxa, moço! Que *Estraga-prazeres*! – diz o menino, como que adivinhando seu apelido secreto.

– Eu escolhi uma luta que nunca conseguiria vencer – conta Jonas. – Como lutar contra os meus valores? Contra as leis do amor? Contra Deus?

O menino escuta, atento, sem entender muito. Comovido, Jonas o olha bem nos olhos e, com a mão em seu ombro, diz:

– Nunca deixe de brincar. A vida não é para agarrar, espremer, asfixiar. A vida é para abraçar, afagar, acariciar. Não se esqueça disso... – Sua voz está embargada e os olhos, molhados. – Afinal, qual é mesmo o seu nome?

– Jonas – responde o garoto, com um largo sorriso.

Surpreso, Jonas também sorri. E, pelo resto da tarde, diverte-se com o menino empinando pipa no belo céu de anil da mais linda primavera.

SABEDORIA DO PÓ DAS ESTRELAS

Ponha a sua bagagem no chão;
o trem já está em movimento.
RAMANA MAHARSHI

Muitas estações se passaram. Nessa noite, empresários e líderes empresariais se juntam para ouvir a tão esperada conferencista, autora do último best-seller da literatura de negócios.

E lá está ela, elegante num discreto *tailleur* azul-marinho. Começa seu discurso:

> *Senhores e senhoras, cada um escolhe o mundo em que quer viver. Existem formas diferenciadas de ver o mundo, e delas depende o sucesso ou o fracasso dos nossos negócios.*

Em minutos, a notável conferencista discorre sobre a teoria dos sete mercados capitais.

> *Cada um de vocês escolhe em qual mercado sua empresa deve atuar. Não se trata de mera preferência. Essa decisão dará todos os contornos ao seu negócio. Dela decorre uma série de outras questões importantes: o estilo de liderança, a formação da equipe, a seleção dos profissionais, a relação com os clientes, a escolha do foco, a definição do negócio, as estratégias de resultados, a formação de riquezas. Lembrem-se de que a empresa de vocês é moldada e organizada conforme o mundo em que escolheram atuar.*
>
> *O mundo da escassez é representado por esses dois mercados: arena de guerra e mina de recursos esgotáveis. É onde impera o ciclo da sobrevivência.*
>
> *O mundo da abundância é representado por outros dois tipos de mercado: espaço de solidariedade e jardim supremo.*
>
> *O grande desafio está na travessia. Implica ver o mercado como oásis no deserto, ponto de encontro e ateliê de arte. O ponto*

positivo é que aqui começa o ciclo da prosperidade. Mas não se esqueçam de que os teatros estarão à espreita, tentando minar os progressos.

A conferencista discorre sobre a teoria dos sete teatros: do medo, do lixo, das horas, da alienação, da norma, da impotência, da anomia. As pessoas anotam. Identificam-se com as metáforas.

Talvez vocês não acreditem no que vou dizer, mas gostaria que pensassem a respeito. Não tem havido crise econômica nem recessão. Na verdade, nunca houve; nem haverá. A crise e a recessão são doenças dos olhos.

Apresenta uma ilustração (página seguinte) que demonstra o processo da jornada.

As escolhas dependem do estágio de consciência de cada um. A esse processo de expansão da consciência dá-se o nome de metanoia, ou seja, mudança de modelo mental.

E finaliza com eloquência:

O mundo é como nós somos.

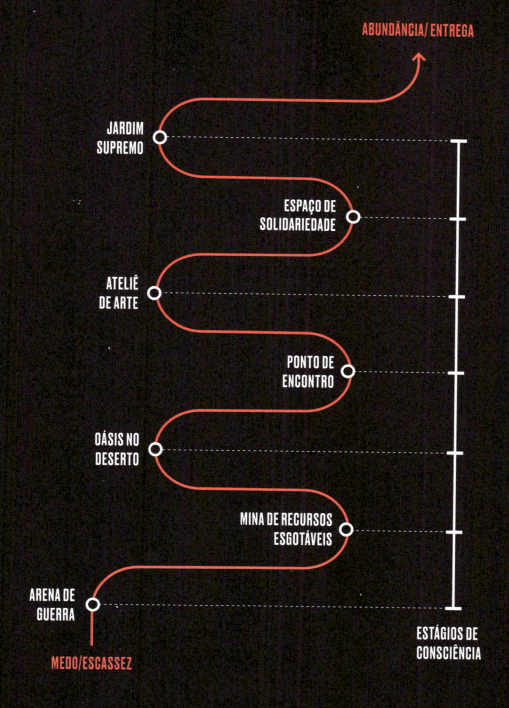

Na plateia, Jonas e Anita aplaudem de pé, orgulhosos e emocionados com a brilhante e fulminante trajetória da consultora e conferencista Marta del Carmo. Os filhos de Marta assistem a tudo, orgulhosos.

Jonas continua aplaudindo. Sua memória viaja no tempo. Lembra-se de Marta, sempre estudiosa e entusiasta. Mais do que conhecimentos, Marta possui dentro de si a sabedoria do pó das estrelas. Conseguiu finalmente o que queria: contribuir com empresas, negócios e pessoas. Sente-se feliz e realizada com o que faz.

Hilário, em outro paradeiro, trilhou uma bem-sucedida carreira como executivo, galgando altos postos. Preferiu trocar o tempo e a vida por privilégios, honrarias e promoções.

A Dédalo sempre é citada nas palestras de Marta como uma empresa que conseguiu percorrer os sete mercados e alcançar o propósito derradeiro. Jonas sente-se feliz e orgulhoso da empresa e de sua comunidade de clientes, colaboradores, fornecedores, investidores e líderes. Dentre eles, Adolfo destaca-se como importante liderança na Dédalo, o responsável por projetos de responsabilidade social e cidadania.

Jonas e Anita continuam aplaudindo de pé enquanto cruzam olhares cúmplices e apaixonados.

ÚLTIMOS PASSOS

A VIAGEM É O VIAJANTE

Nas minhas férias, fui conhecer o Egito. Sobrevoei o país de Norte a Sul e, da janela do avião, avistei o rio Nilo contornado por uma parca vegetação e um imenso deserto, feito de pedra e areia, que parecia não ter fim. Enquanto contemplava essa paisagem tão árida, lembrei-me da história de Moisés e da sua desafiadora missão de tirar os hebreus do Egito e levá-los a Canaã, a Terra Prometida.

Moisés – é bom lembrar, para que essa figura marcante fique bem situada – não era um líder temido e poderoso como o faraó. Ao contrário, era gago, reservado, inseguro e temperamental. Nada sabia sobre liderança, a não ser cuidar do rebanho de ovelhas do sogro. Com todas as suas limitações, Moisés foi capaz de libertar seiscentos mil escravos do jugo do faraó egípcio. Durante 40 anos vagueando pelo deserto, Moisés fez a mais difícil jornada da História. Enquanto isso, introduzia fundamentos éticos e morais, educava o povo, aprendia e ensinava liderança, administrava conflitos, elaborava valores e condutas.

Moisés viveu há 3.200 anos. Assim como os hebreus, nós também temos medos, desejos e esperanças. Como eles, também experimentamos o apego, a perda, o amor. Assim como eles, nós também precisamos fazer a jornada.

Cada um tem seu próprio deserto à frente. A jornada nunca é confortável, tanto no sentido estritamente físico (pelas dificuldades que envolve), como no sentido emocional e espiritual. É preciso deixar "verdades" para trás e sobretudo, vencer os fantasmas do ego e do apego.

Muitos de nós são vencidos por essas forças interiores – muito mais poderosas do que podemos supor, se permitimos que permaneçam no controle – e não cruzam seus desertos. Sobrevivem na suposta felicidade da segurança e do conforto. Sempre existe aquela desculpa na ponta da língua de que ainda não estão prontos.

O fato é que nunca estamos prontos. Conhecer o mundo e suas facetas, conhecer os outros e a nós mesmos, isso só se consegue atravessando desertos, o que implica coragem para iniciar e prosseguir a caminhada, deixar o terreno aparentemente sem perigos do perímetro onde pastam as ovelhas, como fez Moisés. Essa caminhada é o preço da libertação.

De tudo, fica a certeza de que a jornada é imprescindível, todos temos de fazê-la. Para que haja motivação, pois o trabalho é árduo, é preciso ter uma visão de futuro, uma causa, uma Terra Prometida onde jorra o leite e o mel. Algo pelo qual todo o esforço valha a pena. O sol inclemente e o frio exasperante, a sede e a fome, a perplexidade, tudo, qualquer dificuldade pode ser usada em favor da causa. É ela o impulso e, ao mesmo tempo, o prêmio. Desde que não se esmoreça nem se perca a fé.

Nessa caminhada, cada um de nós tem uma missão a cumprir. Cada um de nós anseia deixar sua marca, seus rastros na areia: construir uma nova empresa, um novo mercado, uma nova sociedade, uma nova nação ou, até mesmo, uma nova economia.

Deixar um legado: essas são as nossas pegadas! Mas a mais importante é saber em quem cada um de nós está se transformando à medida que faz a jornada.

FONTES Register, Druk
PAPEL Alta alvura 90 g/m²
IMPRESSÃO RR Donnelley